時間とお金を
かけずに
欲しい人材を
集める

「SNS採用」

株式会社SUMUS
代表取締役社長
小林大輔

同文舘出版

はじめに　目指したのは〝ちょうどいい採用〟

「今、この人に辞められたら困る！」と、退職届を出してきた社員を必死に引き留める。

「とにかく誰かに入ってもらわないと仕事がまわらない！」と、学生に懇願して入社してもらう。

悔しさ、歯がゆさ、焦り、みじめさ……さまざまな感情が渦巻きながらも、「なんとか頼む！」と自分よりも10歳も20歳も年下の若者に頭を下げる。それでも去って行く社員や採用候補者たち。

経営者であれば、形は違えども、似たような経験をしたことがある人は少なくないはずです。人が辞めていく。求人を出しても人が集まらない。人材不足は、経営者にとって本当に頭の痛い問題です。採用に気がそがれて、事業に集中できていない経営者が、日本全国にどれくらいいるでしょうか。

帝国データバンクの調査によると、2017〜2021年の5年間、人手不足倒産は毎年100件以上発生しています。さらに、コロナ禍の収束とともに経済活動が回復していく中で、2022年は再び人手不足倒産が増加するという予想も出ています。また、倒産まではいかずとも、正社員の人手不足を感じる企業の割合は、2022年9月時点で50%を超えています。

実際、全国各地の中小企業をクライアントに持つ私は、人材採用がボトルネックになり、成長が鈍化してしまった企業の姿をリアルに見てきました。

人材獲得が経営に与える影響は甚大です。しかし、これは裏を返せば、自社の社風に合った人をいつでも採れる、つまり採用に困らない仕組みができていれば、企業は事業に集中し、安定した成長が可能になると言い換えることもできます。

そんなうまい話があるわけないと諦めるのは少し待ってください。本書では採用における企業と人材のミスマッチを解消し、小さな会社や地方の会社であっても、採用に困らないようになるためのメソッドをご紹介しています。

本書でお伝えする私の採用メソッドは、従来の「採用の当たり前」からは少し外れています。

そもそも採用が成功するとは、どういう状態を指すのでしょうか？

巷によくある採用本では、「3万人が応募！」「国立大卒を20人採用！」などと、数の多さばかりがPRされていることが少なくありません。そのため、「採用の成功＝できるだけたくさん採用すること」だと勘違いしている人が少なくありません。

しかし、採用の成功とは、自社にぴったり合う人材が入社し、定着し、活躍してくれることのはずです。100人採用なんてできなくても、〝最高の1人〟が見つかれば大成功だと言える採用もあるでしょう。

私が目指したのは、その会社にとっての「ちょうどいい採用」。お金や知名度がなくても、運命の1人を見つけられる方法はないかと模索してたどり着いたのがこの「SNS採用」です。欲しい人材をピンポイントに探し、その人の悩みや欲をドンピシャで刺す。そうすることで、コストを最小限にして、最大の結果を生み出すことができると気づいたのです。

また、私は採用において、お金以外の面でも無理をしないということを重視しています。採用とは、企業の未来をつくるための大切な投資です。だからといって「採用」を特別なものとして捉えすぎて、身動きが取れなくなっている企業が多いのではないかと思うのです。採用を、つらく大変なものだと思い込むと、ますます採用に向き合うことが億劫になります。

お金や時間や手間はかかって当たり前。コストをかけた分だけ成功率が上がる。そんな採用の一般論に、あえて一石を投じたいとの思いから、本書の執筆を決めました。

肩肘を張らない採用のあり方を、一緒に考えてみませんか。

時間とお金をかけずに欲しい人材を集める「ＳＮＳ採用」●目次

プロローグ

中小企業の新しい採用ノウハウ

1章

9割の中小企業は人材採用を諦めている

2章

100人集めるよりも、たった1人採用できればいい

3章

「SNS」×「自社サイト」の必勝パターン

4章

広告代理店が絶対に語らないSNS広告術

7章

お金がなければ頭を使え！ アイデアで勝った広告事例5選

エピローグ

私が「くすぶっている人材」を好きな理由

企画協力　吉田 浩（株式会社天才工場）
大川朋子（株式会社マーベリック）
奥山典幸（株式会社マーベリック）
嶋屋佐知子
執筆協力　但馬 薫

カバーデザイン　荒井雅美（トモエキコウ）
本文デザイン・DTP　マーリンクレイン
図版制作　上村侑加（株式会社ＳＵＭＵＳ）
工藤柚佳（株式会社ＳＵＭＵＳ）

プロローグ

中小企業の
新しい
採用ノウハウ

「採用＝お金と時間がかかる」はもう古い

「4週間の掲載で、55万円です」

採用サイトの担当者から手渡された見積書を見て、私は思わず息を呑みました。

（え？　求人広告ってこんなにお金がかかるの？）

会社を設立して2年目。いよいよ本格的に社員を雇って会社を大きくしていこうと目論んでいた私は、さっそく採用の壁にぶち当たりました。

社員は私と妻と、学生時代からの縁で誘った友人の計3名。アルバイトスタッフ1名、年間売上5000万円。そんな生まれたばかりの小さな会社にとって、求人をたった4週間掲載するだけで55万円という金額は、清水の舞台から飛び降りるような覚悟を迫るものでした。

新米経営者が心の中で（高っ！）と叫んだその見積もりは、オプションを盛りに盛った最高プランでもなく、ノーマルランクの、それも3番目のプランだったというのがまた泣かせます。

（人を採用するって、最初からこんなにお金がかかることなんだ……）
（世の中の会社は、どこもこんな金額を当たり前のように払っているのか……）

初めての人材採用は、私に衝撃を与えました。
とは言え、相場基準で考えれば、私を狼狽させたこの採用サイトの掲載金額も、決して高いわけではありません。リクルートの調査によると、1人あたりの平均採用獲得コストは、新卒採用で93・6万円、中途採用で103・3万円とされています（「就職白書2020」就職みらい研究所）。サイト掲載費以外のコストを鑑みても、50万円は妥当な金額と言えるでしょう。

しかし、「相場だから」というひと言で片付けるにしては、当時の私にとって50万円はあまりにも大きな金額でした。それだけの金額を払って、そもそも本当に応募があるのか、来たとしてもどんな人が来るのかもわからない。逆にできたばかりの零細企業には不釣り合いなほどのスーパー人材が来たり、自社で対応しきれないほどの人数の応募があったりしても困る、なんていう心配もしていました。

採用が簡単ではないことは、会社を設立したときから想定していたことなので、採用に関する書籍もたくさん読みました。しかし、いわゆる「採用本」を読めば読むほど、私は混乱していきました。**多くの書籍で論じられているのは、ほとんどが「東京の大きな会社」の人事の話だった**からです。

書籍という形にまとめるには、それなりの知名度や実績がある著者だろうことはわかるので、仕方ないと言えばそれまでかもしれません。しかし、生まれたてでお金もない小さな会社で、まずは1人か2人採用できればうれしいくらいに考えていた当時の私にとって、採用本で語られるノウハウは明らかにオーバースペックでした。

何万人の応募があった、何百人も採用できた、そんなエピソードを聞かされてもちっともピンとこず、「いや、もうちょっとうちみたいな小さな会社に合う方法はないのか」と、悩みは深まる一方でした。

高すぎる求人広告の掲載費や、世に溢れる大企業を前提とした採用ノウハウ。これらに抱いた違和感をきっかけに、私は採用戦略を自分で考えるようになりました。お金や時間をかけなければ採用ができないのであれば、自己資本ではじめたスタートアップや、不人気業種の中小企業はいつまでたっても戦えないということになってしまいます。

きっと何か戦い方があるはずだ、とまわりを見渡し、見つけたキーワードが**「マーケティング」**でした。

ターゲットを狙い撃ちして、大幅にコストを下げた商品広告

商品販売における広告のあり方は、この20年で大きく変わりました。以前はテレビCMや新聞広告のように、不特定多数に向けて一斉に告知するいわゆる「マス型」の広告が一般的でした。マス型広告は多くの人に一度に情報を届けることができ、大きな影響力があるというメリットがある一方で、費用はとても高く、また、見ている人のどれくらいが自社の商品に興味がある人なのかはわかりません。また、実際に何人の人がその広告を見て、購買行動を起こしたかといった分析もしづらいというデメリットもあります。

インターネットの普及に合わせて出てきたのが、いわゆる「One to One型」の広告です。検索履歴やSNSの履歴、各種サービスへの登録情報などを駆使して、

一人ひとりに合わせた広告の配信が可能となりました。

配信ターゲットを限定し、それぞれのニーズに合わせた訴求をすることで、低コストで効果的な広告運用が可能になりました。

配信データが即集計でき、PDCA（Plan・Do・Check・Action）をどんどんまわして広告の改善もスピーディーにできるようになりました。そのおかげでインターネットを活用したOne to One型の広告は、**低予算でも確実な売り上げアップができる**ように磨かれていきます。こうして広告は、限られた大企業のためのものから、中小零細企業でも手が出せるものになり、一気に普及しました。

ありそうでなかった「採用」×「マーケティング」

私は、この「One to One型」広告の考え方を採用に取り入れました。合同会社説明会やナビサイトなど、一律に同じ情報を提示する従来のあり方だけでなく、**SNSや各種インターネットサービスを駆使した「One to One型」の採用活動に舵を切ったのです。**

SNS採用の仕組みがうまくまわりはじめると、採用のコストは大きく下がります。ナビサイトに求人を掲載しようとすれば、それだけで最低でも50万円ほどの予算が必要ですが、SNSはアカウントの開設は無料です。広告や有料サービスを組み合わせても、初期費用、ランニングコストともに求人広告掲載よりも大幅に費用を削減できる可能性が高いです。

「One to One型」の採用は、**必要な人にだけ情報を届ける手法なので、余計なコストがかからないのです。**

実際に、私が代表を務める株式会社SUMUS《スムーズ》では、それまでナビサイトで1人あたり応募獲得単価として1万円かかっていたところ、SNS広告を活用し狙い撃ちをすることで、単価を100円台まで下げることに成功しました。同様の成果が、コンサルティング支援先でも多数出ています。

商品やサービスの販売で、マーケティング戦略を立て、インターネット広告やSNSを駆使しながら集客することは、すでに多くの業界の当たり前になっています。しかし不思議なことに、採用においてはまだまだ活用されていません。いまだに、ナビサイト・合同会社説明会・ハローワークが三大巨頭で、それしか方法がないと思っている企業もあるほどです。商品販売では当たり前にされるマーケットの分析や競合調査、ターゲット選定なども一切行なわれず、「求人広告を出す」のみなのです。

データをしっかり取っていなければ、大した振り返りもできないまま、翌年の採用活動もまた、担当者の肌感覚で進めることになります。しかしそれでは、刻一刻と変化する採用マーケットの流れに対応することはできず、気づいたころには、まったく採用できない事態に陥ります。さらに、根本的な見直しもせず、戦略を持たないまま行き当たりばったりの施策を繰り返していると、「もっと求人広告の掲載を増やす」「ナビサイトでトップに掲載されるようオプションを申し込む」といったコスト勝負にもつれ込みます。こうなると、体力のない中小企業では戦い続けることは難しいでしょう。

さらに言えば、ナビサイトや合同会社説明会などは、多くの会社を並べて比較する場所です。条件面や規模で劣る中小企業にとっては、そもそも戦いづらいフィールドです。それに気づかず**「採用とはそういうものだから」と一般論を受け入れその通りに行動していては、いつまでたっても〝採用力〟は磨かれていきません。**

中小企業には、もっと中小企業であることを活かせる戦い方があるのです。本書では、一般的な「採用の常識」からは少し外れて、小さな会社や地方の会社であってもウェブサイトやSNSをうまく活用することで、優秀な人材を獲得する方法について紹介していきます。

〝非キラキラ系〟社長でもSNSは使える

「SNS採用」というタイトルから、社長がTwitterやYouTubeに露出してフォロワーを集める方法をイメージする方もいるかもしれません。しかし、〝非キラキラ系〟社長の皆様、ご安心ください。**本書で論じるのは、フォロワーを獲得して、社長が人気者になる方法ではありません。**何しろ私自身が、人前に立ったり、インターネットで顔を出して情報発信したりすることを苦手とするタイプの経営者です。

本書で論じる「SNS採用」は、そんな〝陰キャ〟な私が実践してきた方法なので、社長個人が目立つためのノウハウは含まれていません。そんなことをしなくても、SNSを活用して人材を採用することは可能なのです。

誤解のないように補足すると、社長の情報発信により採用がうまくいくケースももちろんあります。実際に何万人というフォロワーを獲得し、学生が自分から「あなたの下で働きたい」と訪ねて来たという話や、Twitterで呼びかけるだけで何百人もの応募があるという話も珍しくありません。影響力はあるに越したことはないでしょう。

ただ私が強調したいのは、「そのやり方がすべてではない」ということです。SNSを使った採用を行なう上で、社長の個人アカウントや企業の公式アカウントに多くのフォロワーが必要かと言うと、必ずしもそうではないのです。

本書では、「1日最低30回は投稿しろ」「恥を捨てて、カメラの前で踊れ」といった、注目を集めてフォロワーを獲得する方法については一切触れません。SNSとインターネットの仕組みを活用した「採用戦略の描き方」について解説をしていきます。

また、地方の企業や不人気業種と言われる業界でSNSを活用して採用がうまくいった事例、そのときの具体的なアイデアについても紹介していきますので、ぜひ参考にしてください。

これまでSNSとは距離を置いていた経営者の方々にとっても、「これなら試してもいいかな」と思っていただける内容になっています。

採用の当たり前に「待った」をかける

ここで改めて自己紹介をさせてください。私は、住宅・建築業界に特化したコンサルティング会社「株式会社ＳＵＭＵＳ」の代表を務めています。

会社を設立したのは２０１５年。妻と２人でスタートしたこの会社は、現在8期目に突入し、社員数50名にまで増えました。

ベンチャー企業と言うと、最近は「〇億円調達しました！」などと言って、ファンドから多額の資金調達をする企業も目立ちますが、弊社は完全自己資本のみの無借金経営を続けています。そのため、特に初期は使えるお金に余裕がまったくなく、もちろん知名度もなく、どうやって会社を大きくしていくか頭をひねりました。

また弊社の支援先の大半は、地場工務店と言われる、一定のエリアを対象に地域密着で営業している工務店です。駅から遠く不便な立地もあれば、社員数が10名以下の小さな会社も少なくありません。

　加えて住宅業界は、業務内容の過酷さから不人気業種とも言われ、人材不足に最も苦しむ業種と言っても過言ではありません。しかし、本書でご紹介する方法で採用を行なったことで、エリアや人数、規模に関係なく採用に成功する企業様が続出しています。その一例をご紹介します。

- 大阪岸和田市の住宅建設会社　社員数80名
  新卒12名の採用に成功
- 鳥取県米子市の住宅建設会社　社員数50名
  業界全体で人手が不足している「設計士」募集に73名以上応募
- 大分県の住宅建設・リフォーム会社　社員数25名
  ホームページとSNSのみで新卒2名の採用に成功

・奈良県奈良市の住宅建設会社　社員数8名
ホームページとSNSのみで営業・設計・工務の社員を採用

本書は、これまで採用の「当たり前」とされてきたことに疑問を投げかけながら、地方の会社、または不人気業種と言われるさまざまな会社でも結果が出せる、現代の採用手法を紹介していきます。

中小企業は大企業と同じ戦い方をしてはいけない

私は、全国各地の地場工務店を支援すると同時に、ライフワークとして「田舎のまちづくり」にも積極的に携わっています。日本全国の田舎を巡ってきて断言できることですが、どんなまちや村にも他の場所にはない特別な「強み」や「宝」が眠っています。ただ、多くのまちではそれに気づかず、京都や博多のような絶対王者の真似をしたり、みんながやっている「ゆるキャラ」に手を出したりと、間違った戦い方をしてしまっています。

そもそも知名度や人気で劣っているのに、他の場所と同じことをやっても、見向きもされません。頑張っているのに人気が出ないのは、**その場所に魅力がないのではなく、戦い方が間違っているのです。**

これは、採用でも同じ構図になります。弊社のクライアントである地方の工務店、あるいはまちづくりの中でご縁をいただいた地方の小さな会社やお店。一般的には知名度はなく採用競争力は乏しいですが、どの会社も素晴らしいポテンシャルを秘めています。他社に負けないこだわりと、自社の強み、そして誠実な仕事ぶりで長く地域の方々に愛されてきた会社ばかりで、そこで働く人々も皆、プライドを持って、誇り高く働いています。こんなに素晴らしい会社、かっこいい人々ばかりなのに、大手企業と求人票で比較されれば、規模や条件が劣るからと除外されてしまうのです。こんなにもったいないことがあっていいのでしょうか？

日本では、全企業のうち99・7%が中小企業だと言われています。そしてそのほとんどが、人材不足で悩んでいます。しかし問題なのは、会社の規模や立地ではなく、戦い方なのです。戦い方を変えることで、地方の会社であっても、小さな会社であっても、優秀な人材を獲得できるチャンスは必ずあります！

優秀な人材と素晴らしい会社がきちんと出会うことができれば、日本を支える中小企業はもっともっと強くなり、ひいては日本の社会や経済によいインパクトを与えることも期待できます。

私は採用の専門家ではありません。本書も、私が経営者として、そして地方の会社を支援するコンサルタントとして、試行錯誤してきたリアルな採用をまとめた実験レポートのようなものだと考えています。だからこそ、私たちが実際に行なってきたこと、成功事例、失敗事例、具体的な広告設定の方法まで、すべてを盛り込みました。

なぜわざわざそんなことをするのかと聞かれたら、それは、間違った戦い方を続け疲弊する中小企業を一社でも減らしたいからです。お金や時間をかけずに、自社に合う人材を獲得できれば、会社はもっと本業に集中できます。

求職者は、規模や条件で選んだだけの自分に合わない環境で消耗するのではなく、自分の力を発揮できる環境に身を置くことができ、ぐんぐん成長します。

採用の常識が変われば、社会は今よりもきっとよくなる。そんな気持ちで綴った1冊です。

1章

9割の中小企業は人材採用を諦めている

採用がうまくいかないのは、会社に魅力がないからではない

「6人に内定を出したのに、結局、採用できたのは1人だけだった」
「また内定辞退の連絡がきた」
「結局、入社前に全員いなくなってしまった」

「はぁ〜ッ」という担当者の深いため息が聞こえてきそうな、この地獄のような展開が、もはや中小企業の採用の常になりつつあります。圧倒的売り手市場と言われる昨今、規模や知名度で遅れを取る中小企業が人材を採用するハードルはますます上がっています。

2023年卒の大卒における有効求人倍率は、1.58倍。これは学生1人に対し

て、**求人が1・58件ある、いわゆる「仕事あまり」の状態です**（リクルートワークス研究所調査）。新型コロナウイルスの影響を経て、一時は下落しましたが、就職氷河期のように有効求人倍率が1を割る、「人あまり」の状態にまでは落ち込みませんでした。

さらに、規模別で見ていくと、**社員300人未満の、いわゆる中小企業における大卒の有効求人倍率は、5・31倍にも上ります。**

簡単に言えば、学生たちは1人あたり5、6社の内定を受けている計算です。企業の視点から見れば、6人に内定を出

従業員規模別 求人倍率の推移

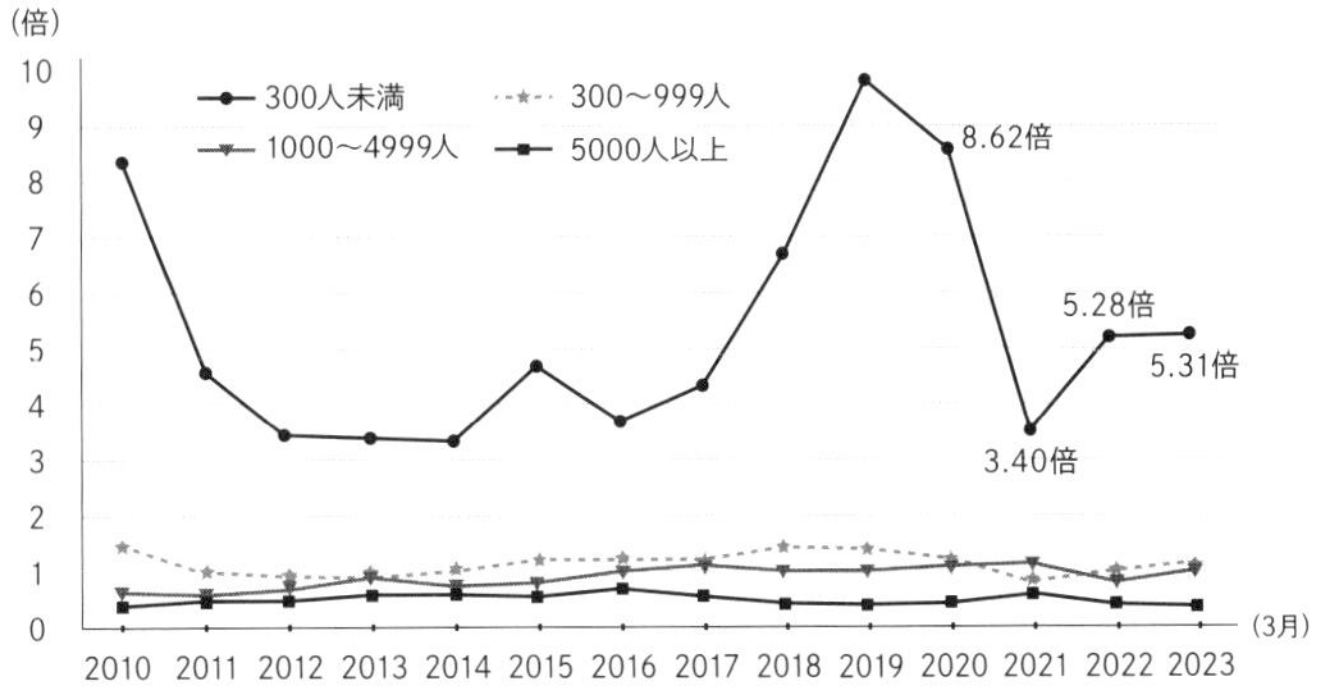

注：比較可能な期間における値。2021年はコロナ禍の影響が必ずしも反映されていない
出典：リクルートワークス 第39回ワークス大卒求人倍率調査（2023年卒）

したとしても、順当にいってもそのうち5人には内定辞退をされてしまうことになります。採用競争力のない会社であれば、もっと厳しい数字になっているかもしれません。

さて、そんな状況下において、もはや諦めムードが漂う企業も少なくありません。募集をかけてもいい人が集まらない。内定を出しても辞退される。私の肌感覚ですが、約9割の中小企業の社長はもはや人材採用を諦めています。

彼らが決まって言う言葉があります。

「うちは小さい会社だから」
「福利厚生が整っていないから」
「不人気業種だから」
「田舎だから」

つまり、**「会社そのものの魅力に欠けるから、どう頑張っても無駄」**と言うのです。

もちろん、人手が欲しいので求人を出しますが、本音は**「とにかく誰でもいいから、来てくれればいい。数打ちゃ当たる」**の考え方で、求人を出して来てくれた人を片っ端から雇っていく。よい人が来ればラッキー。戦力にならない人が来たらアンラッキー。そもそも誰も応募して来なければ「まぁ、しょうがない」と、採用が一種のギャンブルのように、その時々の運任せになっている会社は少なくありません。

「採用がうまくいくかなんて、かけたコストに比例するでしょ？　うちみたいな中小企業はそんなにお金も時間もかけられないし、これくらいしかできることないよ」そう言って、ため息まじりに苦笑いする経営者もいました。

その話を聞きながら、私は「この感じ、どこかで見たことがある……」とハッとしました。地域活性を諦めた地方の人たちの考え方とそっくりだったのです。まちづくりに熱心な地元の人もいますが、特に小さなまちでは「今さらそんなことやっても無駄だ」と言う人もたくさんいます。

「こんな田舎に面白いものなんてない」
「お金がない」
「人もいない」
「だから頑張ってもムリ！」

せっかく素敵なものがあるのに、「自分のまちには魅力がない」と勘違いをしてその可能性に自らフタをしている田舎は日本全国に山ほどあります。私はそうしたまちの魅力を再発掘して、その魅力を正しく発信し、人が集まる場所へと生まれ変わらせるのが得意です。

これまで数多くのまちづくりに携わってきましたが、**本当に魅力がひとつもない地域を見たことがありません。**その魅力に地元の人が気づいていないか、正しく発信できていないだけです。

中小企業に漂う採用への諦めムードもまったく同じ構造だと思いました。採用がうまくいかないのは、会社が小さいからでも、不人気業種だからでもありません。まして や、その会社に魅力がないなんてこともあり得ません。問題は「価値が知られてい ないこと」にあり、何度もお伝えしている通り、戦い方が間違っているだけなのです。

自社の魅力を定義し直し、自社の価値を正しい相手に的確に届けることができれ ば、どんな小さな会社でも低コストで人材採用ができるようになります。

採用成功を阻む7つの固定観念

これだけ人材不足が叫ばれる中、中小企業にとって採用が厳しい戦いであることは疑いの余地もありません。しかし世の中を見渡してみると、そんな中でも成果を出している会社と、いつまでたっても人手不足にあえぐ会社があります。両者はいったい何が違うのでしょうか？

率直に言ってしまえば、**「思考停止していないかどうか」**です。

規模が小さくても、不人気業種でも、地方の会社でも、人気のある会社はたくさんあります。そうした会社はいつだって**採用候補者の意識の変化に敏感で、時流を先読みし、アイデアを練り、スピード感を持って試行錯誤して行動を続けています。**

一方で、古い価値観に縛られ、理屈ばかりで行動できない頭の固い会社は遅れを取り続けることになります。

ここでは、こうした会社を縛り続ける7つの固定観念をご紹介します。

固定観念 1

採用できないのは、自社の規模が小さい／知名度がない／不人気業種

自社の弱みにばかり焦点を当て、人が集まらない言い訳をする、典型的な思考停止パターンです。確かに規模や知名度は選社基準としてあげられますが、それだけで候補者は一生を左右する決断を下すわけではありません。また、社会の変化が激しい中、学生たちの意識も変化、多様化しています。

固定観念 2

採用活動とは、「リクナビ」「マイナビ」に登録することだ

インターネットを使った採用活動と言えば、「リクナビ」や「マイナビ」に代表される就活ナビサイトしか方法がないと考えている企業は意外と多いです。「ナビサイトに

求人を掲載することが採用の仕事」だと勘違いしている担当者も珍しくありません。

ここで、採用の歴史を少し振り返ってみましょう。ナビサイトが誕生したのは1990年代です。インターネットの普及で多くの情報が共有されるようになり、それまで限られた選択肢の中でしか就職先を選べなかった学生たちが、環境に左右されず自分の意志で就職先を選ぶことができるようになったのは、大きな革命でした。

私自身が就職活動をしていた2000年代前半は、まさにリクナビの全盛期で随分お世話になりました。また、今ほどSNSが発達していたわけではありませんでしたが、日本におけるソーシャルネットワーキングサービスのはしり、m・i・x・iを通して経営者の情報をなんとか拾おうとしていました。

時は流れ、いまや同じインターネットでも活用の幅は桁違いに広がり、人々の行動も日々変化しています。もし、まだリクナビやマイナビに登録するだけで採用活動をしているつもりになっているのであれば、そろそろやり方を変えるときです。

固定観念
③
いい人材は、東京に行きたがる

地方の会社は、それだけで不利だと考えられています。東京や大阪などの都市圏と比べて学生の数も少なく、さらに地元の優秀な人材は県外に出てしまうからです。確かにその傾向はあるのですが、一方で、近年では都市部から地方への就職ニーズも高まってきています。

ここでひとつ、注目すべきデータがあります。それは、主要な大都市圏への学生の流入の伸びに対して、地方への流入の伸びが高まっていることです。

コロナ禍において就職活動のオンライン化が進み、地方企業の説明会やインターンシップへの参加ハードルはぐっと下がりました。学生たちの「選択肢」が広がり、全国の会社にチャンスが巡ってきたのです。

言い換えれば、学生たちの選択肢にさえ入ることができれば、地方の会社であって

インターンシップの地域別本エントリー率

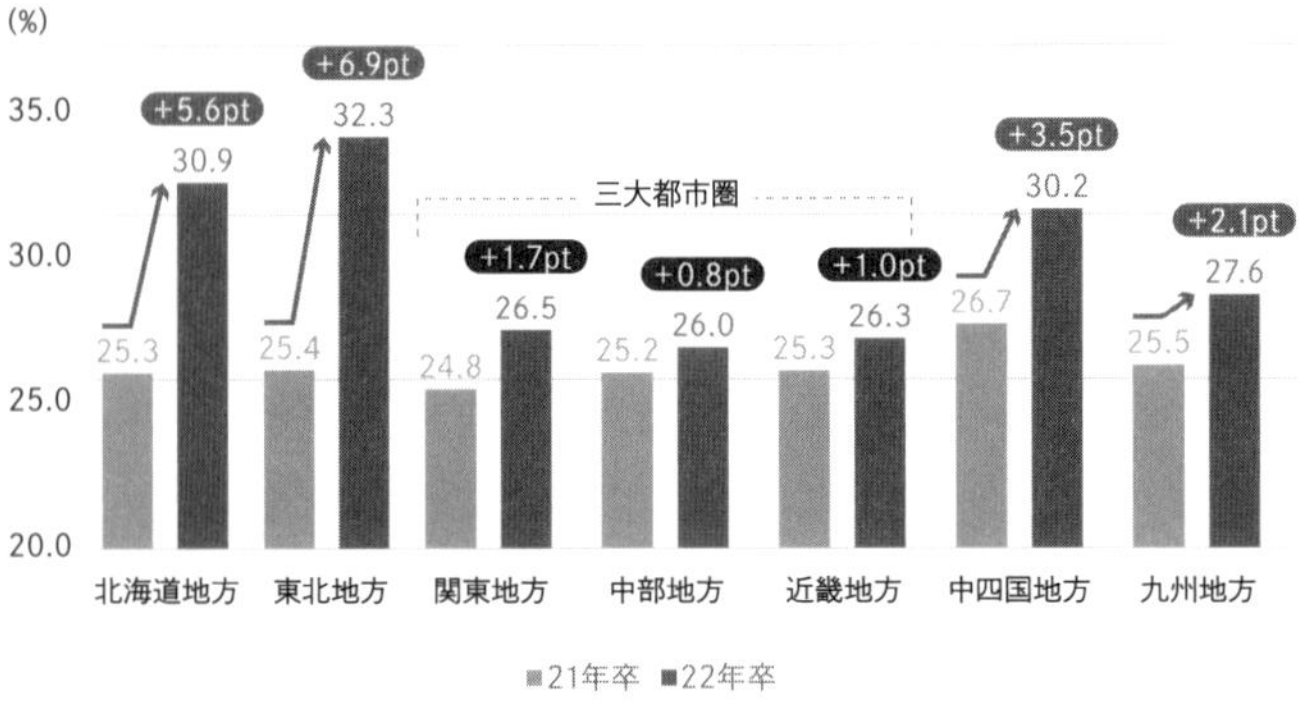

出典:株式会社ヒューマネージ 「2022年卒予定学生の学生の就職活動動向調査」

地方就職ニーズの高まりについて

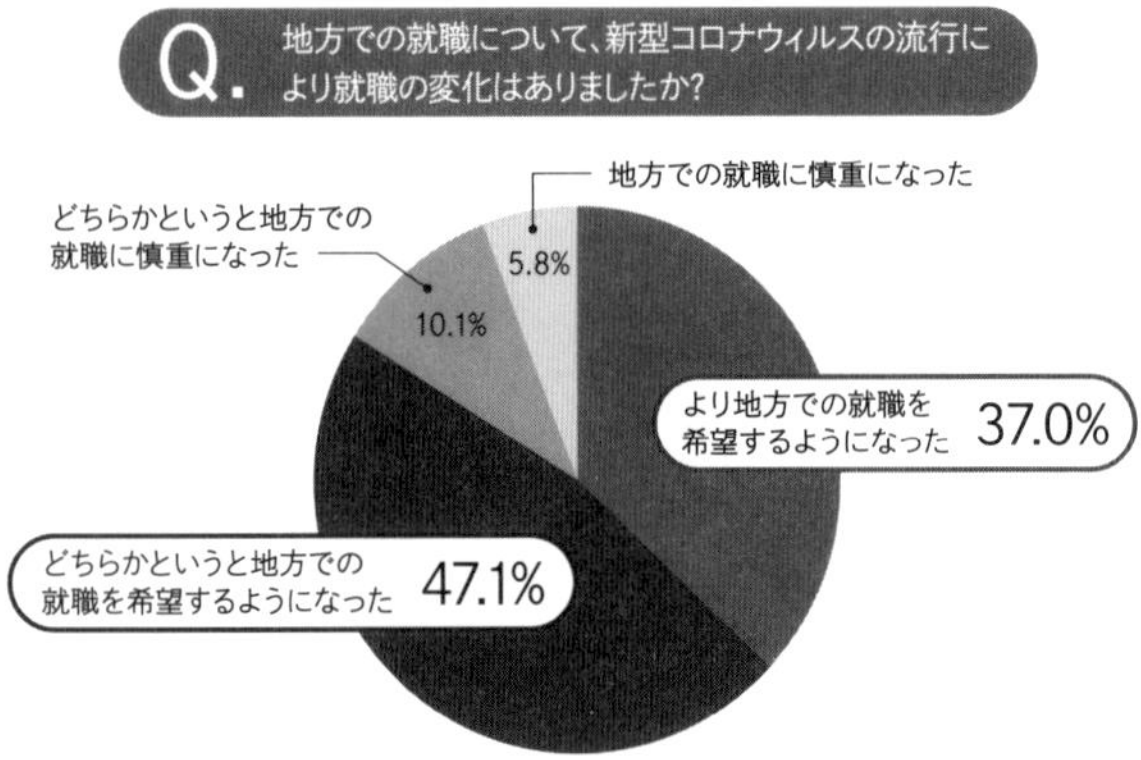

出典:株式会社学情 「UIターン」調査リポート

も、若くて優秀な人材を獲得することが十分可能になっていると言えます。もちろんチャンスは地方の会社だけに限りません。東京にある会社にとっても、これまでは関東圏内の学生が主なターゲットであったところ、日本全国から優秀な学生を獲得できるようになりました。

大切なのは、**広がるチャンスに対して、企業がうまく行動できているかどうか**です。学生が地方での就職を希望する傾向が高まっていることはデータで示されていますが、一方で地方の企業の採用広告費にはほとんど変化がありません。ニーズの高まりに気づかず、現状維持の採用活動をしている企業が大半だからです。

実は田舎にいくほどこの傾向が強く、地域によっては他社が何も動いていないため、求人広告を出してしまえば独り勝ちできるケースさえあります。

他の都道府県から候補者を採用する場合、会社側にはその地域で働くメリットの訴求や、移住支援などの準備が必要なこともありますが、今は地方の企業こそ採用のチャンスが大きいと私は考えています。

固定観念 ④

大手と比較されると負ける

「うちは中小企業だから、大手と比較されると勝てない」と言いながら、大手と同じ土俵で戦っていませんか？

リクナビやマイナビには、もちろん大手企業の求人も掲載されています。媒体問わずこうした**ナビサイトは「検索」の戦い**です。求職者は職種や地域などの条件を入力して、結果として表示されたものの中から応募先を決めます。

ですから、**大手企業と同じ画面で同じ構成で比較されれば、規模や条件面で劣る会社はそれだけ魅力を感じてもらいづらくなります。**また、会社説明会や選考についても、大手企業が大人数の候補者をさばくのと同じ方法で行なっている会社もよく見かけます。

規模や知名度で劣る以上、他の何かで候補者を惹きつけなければ、選ばれる会社にはなれません。中小企業には中小企業だからこそできることがあるのです。

固定観念 5

真面目に仕事をしていたら、わかってくれる人が来る

日本中の中小企業をまわり、一緒にお仕事をさせていただく中で感じますが、真面目に仕事をしている「いい会社」はとてもたくさんあります。皆さん素晴らしい仕事をされていることは私も知っています。しかし、それでは不十分なのです。マーケティングの世界にこんな言葉があります。

「知られなければ、存在していないのと一緒」

どんなによい商品も、どんなによい会社も、知られなければそのよさは一切わかってもらえることはありません。「自分たちが真面目で誠実にやっていれば、よい会社だと評価され、わかってくれる人が来る」というのは甘えとも言えます。

よい商品やよい会社をつくる努力が半分、残りの半分は知ってもらうために費やすべきだと私は考えています。これはとても重要なポイントなので、後ほど詳しく解説します。

固定観念 ⑥

会社を整えてからでないと採用できない

人を雇用するということは、会社にとって大きな負担です。特に新卒採用は教育が求められるため、「企業規模や仕組みが整ってから」などと言ってあとまわしにしがちです。しかし、「ニワトリが先か、タマゴが先か」理論で、**体制が整わないと採用は難しいが、優秀な人材を採用しなければいつまでも体制が整わない、**と言うこともできるのです。

例えば、まだ仕事ができない新入社員を現場に出すことで、一時的には顧客満足が下がりクレームが発生してしまうこともあります。しかし、次世代に会社を残そうと思えば、未来の顧客満足も考え、今から準備をしていく必要があります。

また、中途採用であれば教育の必要がなく即戦力として活躍してくれる、と考えられがちですが、キャリアがあるのは中途人材のメリットとは限りません。

自分なりのやり方や仕事観に固執し、新たな職場で思うような活躍ができないケースも指摘されています。逆に、まだ何にも染まっていない新卒社員は、無知で無垢な分、ぐんぐんと知識やスキルを吸収し、3年後にはエース級に成長している可能性もあります。

「うちは○○だから無理」と決めつけるのではなく、未来を見据えて、柔軟に発想しましょう。

固定観念⑦ 採用は時間もお金も労力もかかって大変

「採用は大変なもの」。たしかにこれは事実です。しかしあまりにも「大変なものだ」と考えられすぎているようにも私は感じます。たくさんお金をかけなければいけない、社長の特命でやらなければいけない、時間と労力をかけなければいい結果は生まれない。そのように採用をつらく苦しいものだと捉えれば捉えるほど、どんどん億劫になっていきます。

採用とは未来の会社を引っ張ってくれるような人材を探す試みですので、会社にとって最重要であることに異論はありません。しかし、だからこそ**あまり重々しくしすぎず、小さな会社であっても続けられるようなプロジェクトであるべき**ではないかと考えています。

実際、そのような考え方に則り、弊社の採用のやり方も、社長である私が関わらなくていいように少しずつ変化をさせています。

採用には時間もお金もかかるという固定観念を一度取り外し、「どうすれば無理をせずに採用できるか」という視点で捉え直してみませんか。

自分は弱者であると自覚すると戦い方が変わる

私は自社のマーケティングにおいても、採用においても、あるいは地方のまちづくりに携わるときにも、まず「自分たちは弱者である」と自覚することからはじめています。

お金もない、人も足りない、知名度もない。大手、あるいは大都市と比べると「ないない尽くし」です。しかし、自分たちが弱者であると自覚すれば、これまでとは違う戦い方が見えてきます。それがまさに**「弱者の戦略」**です。

弱者の戦略とは、イギリスの技術者ランチェスターが軍事戦略をベースにして考案した「ランチェスターの法則（ランチェスター戦略）」を基本とする戦略です。

ランチェスター戦略は、弱者の戦略と言われる「第一法則」と、強者の戦略と言われる「第二法則」に分かれます。

弱者の戦略では、差別化を基本とし、大手企業やライバル企業がいない〝すき間市場〟を狙って集中的に攻めていきます。強者の法則では、潤沢なヒト・モノ・カネの力を存分に使い、大きな市場に向けてテレビCMなどのイメージ広告を配信したりして、広く情報を届けていきます。

これはどちらが「正しい・正しくない」といった話ではなく、**戦い方の選択**の話です。一般的にリソースに余裕のある大手企業は、この「強者の戦略」を取り、市場の拡大に動いている場合が多いです。リソースがカツカツの中小企業が同じことをやろうとしてもすぐに力尽きてしまいます。

大企業には大企業の、小さな会社には小さな会社の戦い方があるのだと割り切って、独自路線を進んでいきましょう。

小さな会社のためのブランディング術

私たちの身のまわりには、デパートで見かけるようなハイブランドから、コンビニで手軽に手に入れることができるようなものまで、無数の「ブランド」があります。無意識に目にしている広告やロゴを含めると、1日に数百から一千程度のブランドに接しているという調査結果や考察もあります。ブランドとして認知されることで、商品や会社に対して何らかのイメージを抱いてもらうことができ、「よさそう」「自分に合いそう」などの判断基準が生まれることになります。

ブランディングとは、この「ブランド」を形づくるためのさまざまな活動のことです。教科書通りに考えれば、ブランディングは次の順番で進めていきます。

①ペルソナ設定

②コンセプトの設計
③デザインの統一
④提供価値の定義
⑤ブランド認知の獲得
⑥定量結果の考察

ブランディングにおいては、自社のコンセプトをどのように消費者に認知させるかを考えます。しかしこの流れは実はあくまでも大企業用なのです。資金や人的リソースに余裕のある大企業であればコンセプト設計やデザインなど事前準備にコストをかけることができます。しかし一介の中小企業の場合、すぐにでも結果が形に現われなければ、どんどん追い詰められていくことになります。

この王道のブランディングの流れには、「投資を回収するまでの間、どのように経営として耐えるか」という視点が一切入っていないのです。

そこで私は、中小企業の場合にはブランディングの流れを真逆にしています。

①ペルソナ設定　↑最初は同じ
②定量結果の考察
③ブランド認知の獲得
④提供価値の定義
⑤デザインの統一
⑥コンセプトの設計

ペルソナを設定（106ページ参照）し、すぐに認知を取りに動く。これが型破りではありますが、確実な方法です。

採用におけるブランディングでも同じです。「ブランドにコンセプトが必要ないの？」と聞かれますが、1人、2人採用したいだけなのに、コンセプト設計など、最初のハードルを上げすぎると途中で面倒になって投げ出してしまうこともあり得ます。コンセプトも大事ですが、まずは明日の集客をどうするか。ペルソナを設定したら、すぐに認知獲得に動き、最速で結果が出る方法からはじめましょう。

マーケティングとは「認知」の戦いである

よく「うちには知名度がない」と言う中小企業の経営者の方がいますが、知名度があるからブランド力もあるかと言えば、まったくそうではありません。少しイメージしてみてください。

「北海道」。

さて、どのような景色が頭に浮かびましたか？　真っ白な雪山、キタキツネ、ラベンダー畑、おいしい海産物。このように、北海道のよいイメージが具体的に頭の中に浮かんできたのではないでしょうか？

では、**「群馬県」**。

どうでしょうか。群馬県出身の方には申し訳ありませんが、具体的なイメージが浮かばなかったという人が多いのではないでしょうか。都会なのか田舎なのか、何があるのかモヤモヤとしている、と言う人でも「群馬県」という名前を知らないわけではなかったはずです。

北海道も群馬県も知名度はどちらも100%近いですが、観光地としての人気度には差があります。北海道と群馬県の差は、「具体的なイメージが描けるかどうか」にあると言ってもいいかもしれません。

「知名度」と「認知度」という言葉は似ているようで、その意味は異なります。知名度はその名前が知られていること。一方で認知度は、その中身を認識（理解）されているということです。わかりやすく言えば、頭に具体的なイメージが浮かぶかどうかです。

ブランドにおいて大事なのは、圧倒的に「認知度」です。消費者や採用候補者の中でどのようなイメージや価値が想起され知覚されるかが、ブランディングの肝になるのです。

そのため、認知度と人気度には明らかな相関関係があります。

採用がうまくいかない原因にも、認知度の問題が潜んでいます。いい人が来ない、採用がうまくいかないのは会社の魅力が欠けているからではなく、会社の認知度が低いからです。言い換えれば、認知度を上げることができれば、小さな会社でも採用成功の道が開ける、ということです。

認知度と人気度の相関

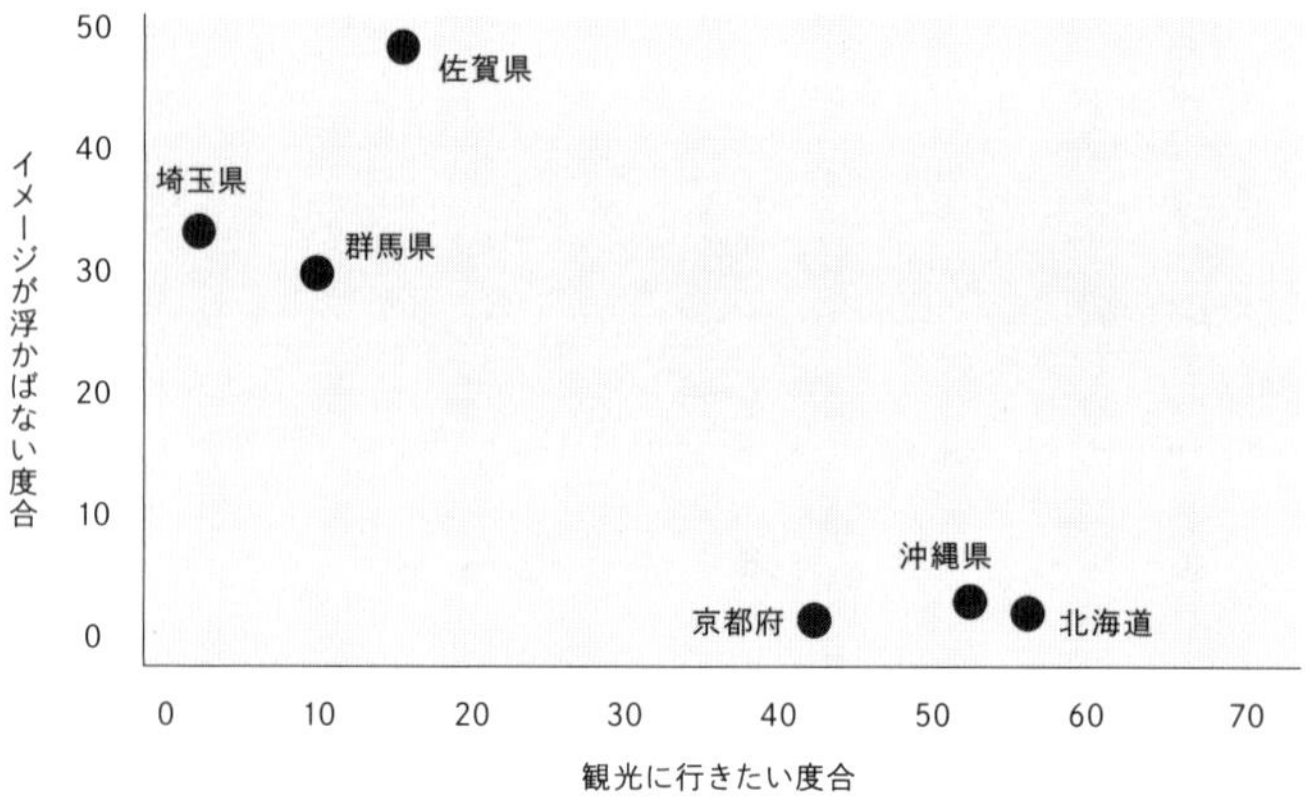

採用に「ビジョン」は必要ない

「ビジョン」という言葉をよく耳にするようになりました。会社は理念・ビジョンを掲げ、それを胸に経営するべきだという考え方はすでに広く普及しています。

採用においても社長がビジョンを語り、目指すべき未来を示すことで、応募者の共感を呼び、優秀で価値観の合う人材を獲得できると言われています。

私自身、ビジョンの大切さを説いた書籍『ビジョナリー・カンパニー　時代を超える生存の原則』（ジム・コリンズ著　日経BP社）には感銘を受けましたし、ビジョンを持つ意義もその価値も感じています。

しかし、**ビジョンというのは、経営者がぶれないために、そして社員が迷わないためにこそ大切であって、必ずしも採用で語らなければいけないものではない**と思うのです。

そもそも、「ビジョン」という言葉ばかりが先走っている印象がありますが、これも実は曖昧です。1年後の未来を指しているのか、10年後の未来を指しているのか、人によって使い方もさまざまです。仮に10年後の話をしていたとして、これだけ世の中が激変する中で、10年後の未来を正しく予測できる人がどれだけいるのでしょうか？

もちろん、ビジョンが刺さるメンバーもいるでしょう。でも、刺さらないメンバーがいてもいいと思うのです。社長が未来を語っている横で「でもそれ、本当にできるんですか？」と穿った見方をする人がいてもいいし、未来なんてよくわからないけれど、とりあえず目の前のことを一所懸命に頑張る人がいてもいいはずです。

採用に取り組むにあたって、「では10年後の未来を考えてください。ビジョンを示してください」と言うと、急に採用に対してのハードルが上がります。すべてを用意しなければ採用がはじめられない、そう思うといつまでたっても及び腰のままです。

だからこそあえて私は言いたい。**採用にビジョンは必要ありません。**

よく「ビジョンに共感して採用した人材は辞めにくい」と言われますが、そんなこともありません。さまざまな会社の採用をお手伝いしてきましたが、「ビジョンを語ったほうが退職者が少ない」という相関関係は見られませんでした。

誤解のないように強調しますが、ビジョンにコミットすること自体は素晴らしいことです。しかし、ビジョンは採用においての絶対条件ではありません。**「ビジョンがなければ採用ができない」という思い込み**を取っ払いたいだけなので、すでにビジョンがある場合は、採用の場面で語っていただいても問題ありません。

弊社の場合は、採用活動の一環として私がビジョンを大々的に語るようなパフォーマンスは行なっていません。私が前に出て話さなければいけないと、いつまでも私の時間が採用に割かれてしまうからです。できるだけ負担の少ない採用活動を行なうために、私が前に出る機会は極力減らそうとしています。

インターンシップも必要ない

もうひとつよくある誤解が、「新卒採用をはじめるなら、インターンシップをしなければいけない」というものです。

現行のルールでは、新卒採用において広報活動の解禁日は、大学3年次の3月1日とされています。しかし実際にはそれ以前からインターンシップという形で学生とコミュニケーションを取り、優秀な学生に対しては3月になった瞬間に内定を出して囲い込むという手法が横行しています。素直に3月になってから採用しようとすると、時すでに遅し、というわけです。

新卒採用をはじめるならインターンシップを用意しなければいけないという考え、これもただの思い込みです。インターンシップを開催するとなれば、プログラムを考えたり、ファシリテーション役の社員の時間を確保したり、会場を用意したりと、とにかく大変です。わざわざそんな大変な思いをする必要はないのです。

各社がこぞってインターンシップを開催するのは、広報活動の解禁前から学生と接触し、彼らの中で自社の認知度を上げていくことが目的ですので、よく考えれば必ずしも職業体験という形式である必要はありません。

インターンシップという形式にとらわれず、飲み会や「社長メシ」、「ゴルフのお供」など、もっとカジュアルな企画でもいいのです。

採用のために特別なことはやらない

私は採用活動において**「採用業務を通常業務と切り離して考えない」**ことをとても大切にしています。特に中小企業はお金も人も時間も余っていませんので、通常業務プラスアルファで採用のために何かをしようとすると、会社も社員もあっと言う間に疲弊してしまいます。

そのため、弊社では採用プロセスそのものが既存社員の教育コンテンツになるように設計しています。採用の中で行なうワークショップの内容は、普段お客様先でコンサルする内容をそのまま応用したものです。

その中のひとつに「ＭＵＳＴ／ＷＡＮＴ研修」というものがあります。

- コンサルティングの場面（工務店や住宅会社に向けて）

土地選びにおいて、お客様のご要望をお聞きし、基準を設定するトレーニングを行なう。

・新卒採用の場面（学生に向けて）

例えば、自分はウエディングプランナーであるという設定の下、お客様のご要望内容から、最適な提案を決めるというグループワークを行なう。

どちらの場合も概要は同じで、お客様の「絶対に叶えなければいけない」ＭＵＳＴ要件と、「できれば叶えたい」ＷＡＮＴ要件を整理してプランを提案するという内容の研修です。

この研修に取り組むことで、条件の優先順位を考える思考のクセをつけることにつながります。また、質問力や察知力の向上にもつながっていきます。

このＭＵＳＴ／ＷＡＮＴ研修は、お客様先で研修として行なう場合も、採用の場面で学生のグループワークとして行なう場合も、基本的なコンテンツは同じです（場面設定や最終的に伝えるメッセージは調整しています）。つまり、採用イベントのために特別なプロセスを用意しているわけではありません。

まだお客様先での実務経験が少ない若手社員にとっては、採用イベントのファシリテーションを行なうことが、実践トレーニングの一環にもなります。

社長の稼働も同じです。インターンシップの代わりに例を出した「ゴルフのお供」や「社長メシ」。これも、どうせゴルフに行くのであれば、そこに応募者に来てもらえば社長の負担は増えません。また、採用があろうがなかろうがご飯は毎日食べるので、そのうち1回を採用候補者との「社長メシ」にしても負担ではないはずです。

通常業務と採用業務を切り分けないことで、**採用プロセスに全社員が当たり前に関わる**ことにもなります。社員の負担が増えすぎないことに加え、自分が関わってきたからこそ、その後入社してくる後輩社員に対して関心を持って接することができるというメリットもあります。

競合相手は誰だ？

採用をスタートするにあたり、まずやるのが**「3C分析」**です。「3C分析」という言葉を耳にしたことがある人は多いのではないでしょうか。環境分析のフレームワークのひとつです。

Competitor：競合相手
Company：自社
Customer：顧客（採用においては候補者、新卒採用では学生）

この3つの頭文字を取った、マーケティングの基本中の基本とも言えるものです。「3C分析」はとても有名で、その認知度に見合うほどとても有効な分析手法なのですが、実際にこの環境分析をやり込んでいる人は多くはありません。

思いついたときには画期的に感じられたアイデアも、いざ実行してみるとうまくいかないことは多々あります。実はその理由の大半が、市場の構造や戦況を理解せず戦略を立てていることにあります。

商品の販売でも、採用でも、私は何をするにしてもこの3C分析を必ず行ないます。「競合相手」「自社」「顧客」この3つのCを整理し、戦況を正しく理解することで、「自爆」となるような大失敗を避けることにもつながります。

3C分析は、実は順番も大切です。

3C分析

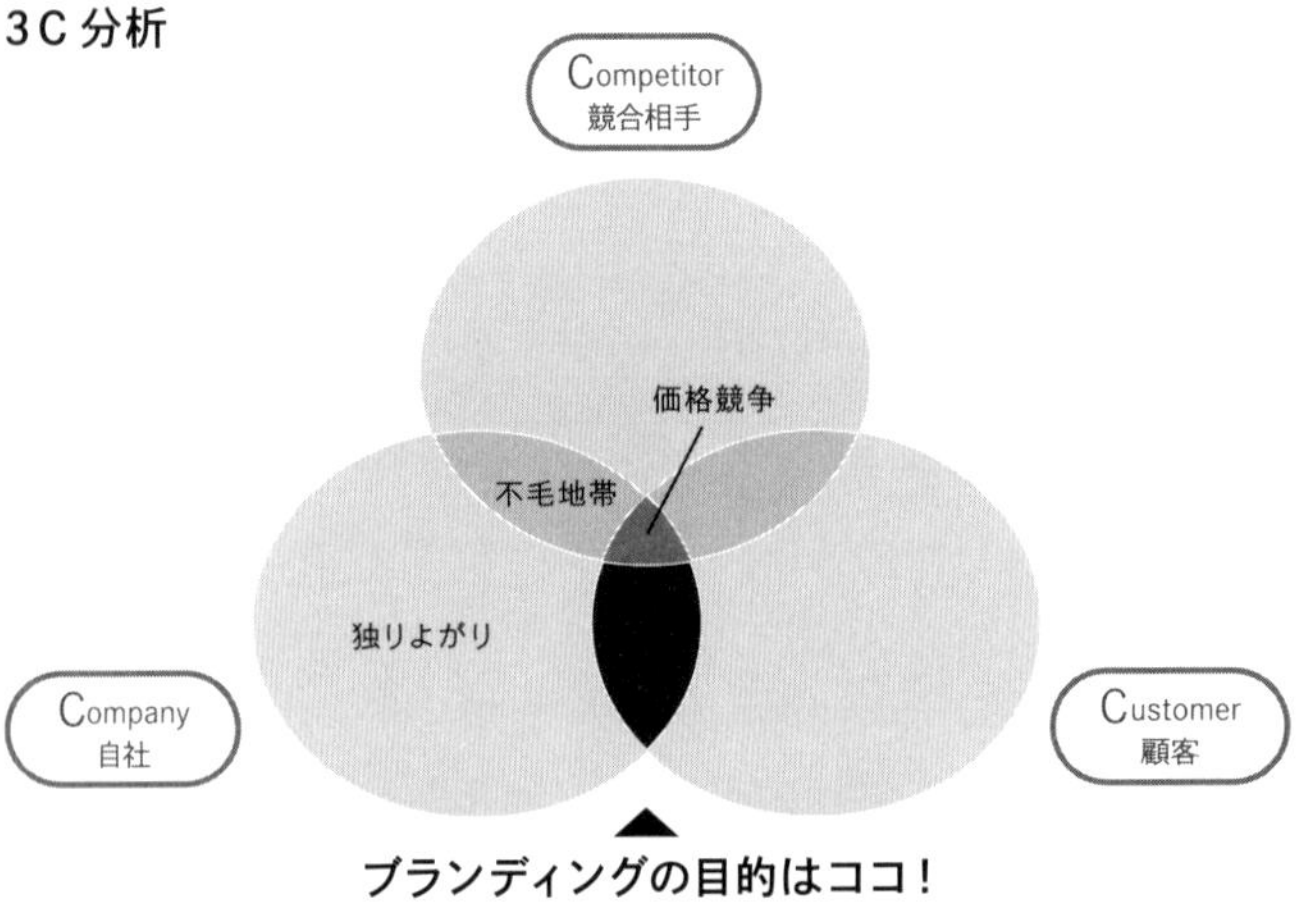

①Competitor（競合相手）分析
②Company（自社）分析
③Customer（顧客）分析

この順番に行ないます。

さて、さっそく1つ目、Competitor（競合相手）から考えていきましょう。

採用においてあなたの会社の競合相手はどこですか？「うちは自分たちのやり方でやっているから、決めていない」と語られる経営者もいますが、競合相手を決めていないということは、まさしく自社が戦う「市場」を他人任せにしているということになります。自社として競合相手を設定していないつもりでも、**お客様や採用候補者は、必ずその他の会社と比較検討をして選択をしている**からです。

今は、モノをつくれば勝手に売れる時代でも、求人を出せば人が殺到する時代でもありません。常に自社以外の誰かと限られたパイの奪い合いをしています。会社を発展させたいと考えるのであれば、**自分たちが戦うフィールドを設定し、「どこから顧客（採用候補者）を奪うか」という視点を持つ**ことがとても重要です。

例えば弊社は、地方の工務店向けのコンサルティング会社です。事業内容がかぶっている会社もありますが、実際に営業や採用の場面で比較のテーブルに乗るのは、そうした直接競合だけではありません。

採用において言うと、業界に特化していないコンサル会社や外資系の大手マーケティング会社などの名前があがります。毎年の採用戦略を考える際にも、この競合相手の強みや弱みを意識して、自社の見せ方を考えています。

また、中途採用においては、「コンサルタント」よりも「営業」の職種のほうが一般的には人気が高いです。弊社ではコンサルタントと営業の垣根がなく、1人の社員が営業もコンサルティングも行なうという方式を取っているので、求人にもあえて「営業」というキーワードを強調して入れるようにしています。はじめからコンサルタントになりたい人だけでなく、営業職を検討している人も自社に引き込むためです。

このような募集をかける際には、当然その他の営業職の求人を出している会社と競合することになります。今、我々はどの市場で誰と戦っているのかは、常に明確にして戦略を立てています。

自社の勝ちパターンを定義する

次に3C分析の2つ目。Company（自社）分析です。

自社の強みの魅せ方などは6章で詳しく説明するので、ここでは、「採用において、自社は何で成功し、何で失敗しているのか」、この2点に絞って考えます。

あなたの会社における採用の成功要因（勝ちパターン）、失敗要因（負けパターン）を入口と出口に分けてピックアップしてみてください。入口というのは、認知を獲得し、会社説明会など最初のステップに進んでもらう段階です。出口とは企業側が出した内定を候補者が承諾し、入社する段階です。

自社の強みと言うと、「コレ！」という唯一絶対のものをイメージしがちですが、採用においては入口と出口の強みは違っていいというのが私の考えです。

入口の段階では、候補者はまだ自社のことをほとんど知りません。そのような段階で経営者の熱い想いや、社風など一歩入ったところを訴求しても、候補者にはほとんど刺さりません。誤解を恐れずに言うと、入口段階の候補者は、どの会社を選ぶかあまり重く考えていません。特にオンライン化が進んだ今、応募することのハードルが極端に下がっているので、その会社の本質的な部分よりも、雰囲気やイメージ先行で選択されると言っても過言ではありません。

弊社では、採用サイトのどのコンテンツがよく見られているかや、どのページが応募に影響を与えているかなど、詳細にデータ分析をしています。残念ながら入口段階では、私の代表挨拶のページはほとんど読まれていないこともわかっています……。

また、「アットホームな会社です」という謳い文句もよく見かけますが、社員同士の仲のよさや会社の人間関係の雰囲気などは、実際に会って感じる以上に説得力を持たせることは難しいです。アットホームな会社であることが事実であったとしても、それだけでは入口段階で選ばれる理由にはなりづらいものです。

成功要因と失敗要因を分析している中で、陥りがちな落とし穴についても解説しておきます。

現時点での成功要因がわかったとしても、必ずしもそれに合わせすぎる必要はありません。これは特に出口における勝ちパターンに対して言えることです。

ベンチャー企業などにありがちな、「社長の熱意に感動しました！」「社長の想いに共感しました！」などの、〝社長〟が入社の決め手になるパターン。私自身も創業社長なので、そう言ってもらえるとすごくうれしい反面、「このままではいけない」という危機感を抱きます。

社長が理由で選ばれる採用を続けている限り、社長がずっと前に出続けていないといけないからです。社長が前に立てば、集客力も強く、反応もよくなります。しかし成長したあとの会社のことを考え、できるだけ社長や経営陣は採用の最前線から外れるようにし、若手社員や一般社員が業務を担えるよう仕組み化していく方向へのシフトチェンジを推奨しています。

また、同じ理由で、「先輩社員のAさんにとてもよくしてもらった」「Aさんを尊敬している」など、特定の社員が成功要因になることもできるだけ避けたいケースです。先輩社員に惹かれて入社した場合、その人が辞めてしまったときに、後輩社員のモチベーションが大きく下がる可能性が高いからです。

とは言え、これは白黒をはっきりさせられる話でもないので、今実際に選ばれている理由と、自社が選ばれたい理由を丁寧にすり合わせて調整しながら進めていきます。

自社商圏の学生数を即答できますか？

さて、ここでひとつ質問です。皆さんは自社商圏の学生数を即答できますか？

例えば、高知県に会社があるとして、高知県の学生数はどれくらいでしょうか？ぜひ、ご自身の地域で考えてみてください。

実は、この質問に答えられない企業がとても多いのです。

3C分析の最後のCは、Customer（顧客）です。採用においての顧客は、もちろん採用候補者。新卒採用であれば学生です。

顧客分析では、まず**ターゲットとなる候補者の市場規模**を把握します。皆さんが商品を販売する際には、自社の商圏内にどれくらいターゲットとなる人（あるいは会社）がいるのかを必ず考えると思います。

都道府県別の大学生数

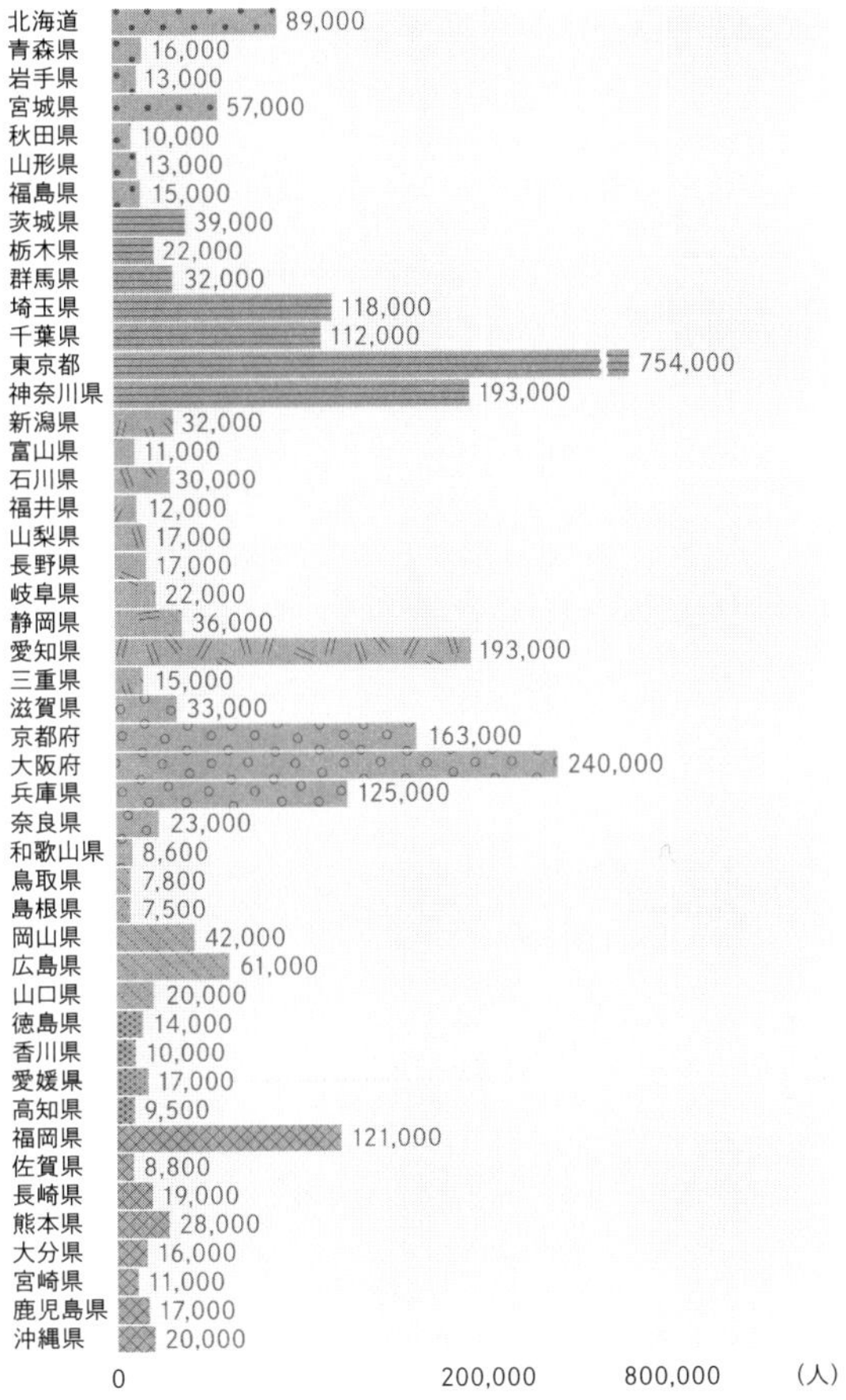
北海道 89,000
青森県 16,000
岩手県 13,000
宮城県 57,000
秋田県 10,000
山形県 13,000
福島県 15,000
茨城県 39,000
栃木県 22,000
群馬県 32,000
埼玉県 118,000
千葉県 112,000
東京都 754,000
神奈川県 193,000
新潟県 32,000
富山県 11,000
石川県 30,000
福井県 12,000
山梨県 17,000
長野県 17,000
岐阜県 22,000
静岡県 36,000
愛知県 193,000
三重県 15,000
滋賀県 33,000
京都府 163,000
大阪府 240,000
兵庫県 125,000
奈良県 23,000
和歌山県 8,600
鳥取県 7,800
島根県 7,500
岡山県 42,000
広島県 61,000
山口県 20,000
徳島県 14,000
香川県 10,000
愛媛県 17,000
高知県 9,500
福岡県 121,000
佐賀県 8,800
長崎県 19,000
熊本県 28,000
大分県 16,000
宮崎県 11,000
鹿児島県 17,000
沖縄県 20,000
0
200,000
800,000
（人）

出典：Indeed調査より集約

契約を100件獲得するためには、問い合わせが1000件必要で、そのためにはビラを1万枚撒こう、などと逆算して考えるはずです。しかし、こと採用活動となると、こうした計算が一切行なわれずに、「とりあえず求人を出す。応募が来たら面接して採れたら採る」と、行きあたりばったりな行動になってしまうのはなぜなのでしょうか。

さて、先ほどの質問の答えです。前ページの図は、大学1～4年の全人数を都道府県別に表わしたものです。単純計算で1学年2000人に満たない県もあることがわかります。先ほど例に出した高知県の学生数は9500人。1学年あたり2375人の計算です。

分母が少なすぎては話になりません。新卒採用においては、自社商圏に最低2万人の学生が必要です。

営業のように集客とそこからの歩留まりを計算してみると、左記のようになります。各段階における歩留まりの割合はまったく大げさな数字ではなく、平均的な値です。このように計算すると、内定を1件出すためには、少なくとも2万人にリーチできる環境が必要だということになります。

リーチ数：2万人
広告の表示数（インプレッション）：6万回
ページ閲覧数：600回
説明会申し込み数：6件
来場数：4件
役員面接数：1件
内定数：1件

つまり、高知県にある会社が新卒採用をしようとしたときには、県内の学生にだけ情報を届けていては不十分なのです。自社商圏を超えた広い範囲を見据えて顧客を定義し、分析をする必要があります。

地方就職のニーズが高まっていると前述しましたが、実は東京の企業にとってもチャンスは広がっています。オンライン化のおかげで、地方の学生が東京の企業に応募するハードルがぐっと下がったからです。

学生の就職活動全体にかかった平均金額は、コロナ前と比べて4割減少したというデータがあります。

これまで就職活動中の学生にとって、面接を受けに行くまでの交通費や宿泊費はかなり頭の痛い問題でした。費用を捻出できないという理由で、面接を諦めてしまう人もいました。しかし、オンライン化をきっかけに就活にかかる費用が大幅に減少し、**地域を限定せずに会社を選**

就職活動全体にかかった平均金額

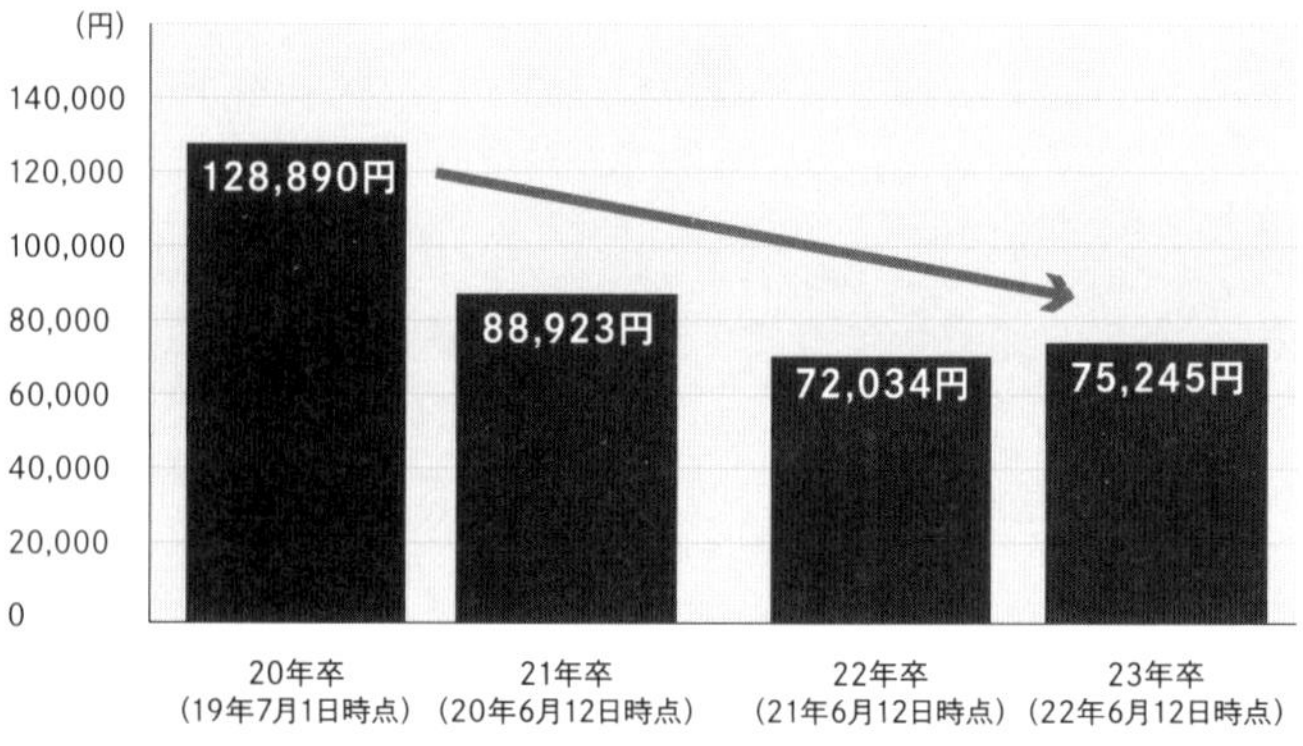

出典:就職みらい研究所(リクルート)調査

べるようになったのです。

弊社は東京本社の会社ですが、コロナ前後において地域別の候補者の比率は明確に変わりました。以前は東京や関東圏からの応募が過半数を占めていましたが、コロナ後は全国から多くの応募が来るようになりました。

弊社の場合、それをきっかけにさらに情報発信を地方学生に寄せた経緯もあり、2023年卒で内定が確定している学生6名の中で、東京の学生は1人だけ。それ以外はすべて地方の学生です。

採用は、自社だけではできません。当たり前ですが、必ず採用候補者（学生や転職希望者）の存在があって成り立つものです。ひとりよがりにならず、採用候補者の動向を逐一チェックするようにしましょう。

2章

100人集めるよりも、たった1人採用できればいい

小さな会社こそ、戦略が必要です

突然ですが、ここで問題です。

A社は、会社説明会に300人集め、最終的に10人を採用しました。
B社は、会社説明会に来たのは10人だけ、最終的に5人を採用しました。

採用がうまくいったのはA社とB社、どちらでしょうか?

答えは出ましたか? 正解は「わからない」です。引っかけ問題のようになってしまい恐縮ですが、採用の成功の定義は本来、その会社ごとに異なるはずです。2つの会社を並べて、集めた人数や採用した人数、あるいは採用率を比較して、どちらの採用がうまくいったかなんて判断できるはずがないのです。

採用には、その会社独自の採用計画と戦略が必ず求められます。同じ業界で同規模の会社でも、そのときの状況や目指す未来によって、必要な人材のタイプも人数もまったく異なります。100人集めたからすごいとか、1000人集めたからすごいという話ではなく、その会社の目的に合わせて採用計画を立てる必要があります。他社の真似ではうまくいかないのです。

ところが、「あなたの会社の『採用戦略』はどんなものですか?」と質問すると、「そんな大層なものは……」とうつむく人も少なくありません。1章で書いた通り、「リクナビやマイナビ、あるいはハローワークに求人を出すことが採用活動」だと思っている会社も少なくなく、ほとんどの会社では、採用戦略なんてあってないようなものだからです。

「戦略なんて大げさなものは、小さな会社には必要ないんじゃないか」と言われることもありますが、まったくもって逆です。お金や人的リソースが不足しているからこそ、戦略が必要なのです。お金も人も無制限に使い放題であれば、戦略なんて必要ありません。お金がないからこそ、頭を使うのです。

採用プランを練るにあたり、考えるべきは次の４つです。この４点は順番も大切ですので、①から順に取り組みます。

① ゴール

まず最も上位にある概念がゴール、つまり目的です。目的とは、達成すべき使命のことを指します。例えば、会社ならば、「社員がイキイキと働ける職場環境をつくる」、営業ならば、「営業成績で全社トップを獲る」、個人レベルでは、「痩せる」「資格を取る」などが考えられますね。

採用における目的は、もちろん優秀な人材の獲得となります。ただし、ここで注意しなければいけないことがひとつあります。**採用のゴールは「入社」ではありません。**いい人材が入社し、**彼ら・彼女らが自社で活躍し、定着してくれるところまでがセッ**

トとなって、採用が成功したと言えます。

後述しますが、求める人材像を定義しないまま「とりあえず3人採用」のように数だけを目的に置いてしまうと、入社したのはいいけどすぐに離職してしまい、時間とお金の無駄になってしまった……なんて話にもなりかねませんので気をつけてください。

目的は、採用した人材が「どのように活躍するか」までをイメージをして設定しましょう。

②ターゲット（誰に）

目的が定まったら、次にターゲットを設定します。戦略論においてターゲットは「目標」と言われることもありますが、日本語の目的と目標は意味が混同されて使われることも多く、混乱しやすいので、私はあえてカタカナを使い、ゴール、ターゲットとしています。

目的が達成すべき使命なのに対して、**目標はその目的を達成するためにリソースを投入する具体的な「的」を指します。**ターゲットを絞ることで集中的に資源を投下し、作戦の成功率を高めます。

「ターゲットを絞ると、そこから外れた人を獲得できないから機会損失になりませんか？」という質問をよくいただきますが、そんなことはまったくありません。ターゲットを絞らないことで、むやみやたらに矢を放って誰にもヒットせずただ落ちてしまったり、たまたま矢が刺さってしまった自社に合わない人材を採用してお互いが不幸になったりと、お金や時間を無駄にしているケースをたくさん目にしてきました。

新卒採用でも、「学生」といった漠然としたカテゴリーではなく、どこで何を学んできて、どんな悩みを持っているのか、理想の人生はどんなものか、など具体的に掘り下げて考えていきます。

③ 戦略（何を）

的が決まったら、次は戦略です。**戦略とは目的を達成するための方針設定**です。成果を出すためにやるべきことを考え、選択と集中を決定します。

このように書いても難しいので、私はシンプルに「何を」を考えるようにしています。**ターゲットに対して、何をぶつけるのか。**求人広告であれば、ターゲットに刺さるコンセプトやキャッチコピーを考えます。

④ 戦術（どうやって）

最後に戦術です。戦略と戦術も混同されがちなので簡単に解説しておくと、戦略は「進むべき方向や、そのための方法」を設定するのに対して、戦術は戦略を達成するための**具体的な手段**を指します。ですので、戦術は常に戦略の下位概念ということになります。「何を」に対して「どうやって」ということです。

求人広告の例に戻りますが、③の戦略でターゲットに刺さるコンセプトを決定したら、それをどのようにターゲットに伝えるかを考えます。掲載媒体はどこにするか、どんな写真を見せるか、バナーの色は何色が適しているか、など細かい項目を設定します。

目的や方向性を定めないままはじめた採用活動は、まず間違いなく場当たり的になります。仮に人がたくさん集まったとしても、指標がなければ本当にうまくいっているのかどうかを測ることすらできません。

しかし、こと採用においては「人がたくさん集まったもの勝ち」の風潮が強く、ワーッと盛り上がればうまくいっているような気がするし、応募が少なければ失敗だったような気がしてしまいます。

しかし、「ゴール・ターゲット・戦略・戦術」が明確になっていれば、何百人集まるよりも、「この人！」というそのたった1人が採用できることのほうが、ずっと価値があるとわかるはずです。

求める人材像を言語化する

採用には王道の流れがあります。まずはこの流れをしっかりと押さえましょう。

①人材採用計画の策定
②求める人材の定義
③最適な求人媒体と選考プロセスの設計
④母集団の形成開始
⑤選考活動開始
⑥内定の承諾の獲得

ここで、「求める人材の定義」がかなり早い段階に置かれていることに驚かれる方もいらっしゃるかもしれません。しかし前述した通り、採用計画は「ゴール↓ターゲット→戦略→戦術」の順に考えていきます。ターゲットが決まらないことには、戦略も決まらないのです。集まった人の中からよさそうな人材をピックアップするのではなく、あらかじめ求める人材を定義して、それに合致する人を集めるという順番です。

さて、採用をはじめるにあたり、まずは求める人材像を企業側がはっきりと持たなければいけません。一口に「優秀な人材」と言っても、その定義は会社によって違いますし、同じ会社でも組織の成長の段階によって、その都度、社員に求められる資質や能力も変わっていきます。

例えば、社長の命令に忠実で、とにかく言われたことをこなす体力自慢の人材ばかりを揃えたい会社もあれば、できるだけ多様性を持たせて社員一人ひとりのキャラクターが被らないほうがうまくいく会社もあります。

これは、何が正解かというよりも、その時々で必要なものや、経営者の考え方によるところが大きいものです。

私はこれまで採用を行なうにあたり、中途採用でも新卒採用でも、毎回「求める人材像」を細かく設定してきました。特に意識しているのが年齢ピラミッドのバランスです。

私が会社を設立した当時、社員は私と妻だけ。半年後に、古くからの友人を誘い、社員は3名になりました。対外的に採用活動をはじめたのはその後、第2期に入ってからでした。

最初に求めたのは「自分を叱ってくれる人」。株式会社SUMUSを設立したのが2015年、当時私は32歳でした。そこで自分よりも若い人や同世代の人材を雇ってしまうと、社長である私に率直な意見を言える人がおらず、裸の王様になってしまうことを危惧して、自分よりも上の世代の人を求めました。

その後、いよいよ新卒採用を考えたタイミングでは、そのための準備として25〜26歳の若い世代を先に中途採用しました。私やそれより上の世代のメンバーしかいない状態でいきなり新卒社員が入ってきたら、すぐに辞めてしまうと考えたからです。

新卒社員にとって、会社で働くということは、これまでの人生のどの段階でも経験したことのないことばかりです。日々の仕事の中で悩んだり、戸惑ったりすることもあるでしょう。しかし、まわりが世代が遠すぎる人ばかりだと相談する相手がおらず、自分1人で悩みを抱え込んでしまうことになります。ですから、新卒社員にとってのお兄さん・お姉さん的存在になってくれる人を先に確保しました。

またあるときには、スキル度外視で「とにかく明るい元気な人が欲しい」と考えたこともあります。弊社の場合、職人気質で放っておくと黙々と仕事に打ち込むタイプの人材が集まりやすい傾向があります（経営者の私自身がそうなので、似た人材が集まりやすい）。その時々で必要なスキルや素質を持った人を採用してきたので「それでよし」としていたのですが、あるとき、「会社の雰囲気が暗いな」と気づいたのです。そこで、今弊社に必要なのは、いつも笑っていて、周囲の雰囲気を朗らかにしてくれる太陽のような人材だと確信しました。不思議なことに、求める人材像が明確だと、「まさに、この人だ！」という奇跡のような出会いが突然やってきます。

このときに東証一部上場、社員数1300人という大企業の営業職から転職してきてくれた彼は、コンサルタントとしての頭角をメキメキ現わしながら、さらにSUMUSという会社の雰囲気を一気に明るくしてくれました。入社して4年が経ちますが、いまだに彼がいる日とそうでない日は、オフィスの雰囲気がまったく違います。

SUMUSは創業7年、現在社員数50名の会社ですが、これまで採用してきた社員は、一人ひとり「この人しかいない!」と思えるほどの運命のような出会い方をしてきました。人との出会いはコントロールできるものではありませんが、集まるべくして集まったと私は考えています。

学歴や経歴など、履歴書に書ける情報だけでなく、**一歩踏み込んだ視点で、「今、自社が求めているのはどんな人材か」を言葉にしてみてください。**

「類人猿診断」であなたはどのタイプ？

採用において、私がよく活用するのが「類人猿診断」という性格分析です。もっとも人間に近いとされる「チンパンジー」「ゴリラ」「オランウータン」「ボノボ」などの大型類人猿。しかし、その特性や性格はそれぞれまったく違うそうです。

例えば、ヒトとDNAの98・8％が同じだというチンパンジーは、15～120頭の群れで生活します。喜怒哀楽を全身で表現し、政治的に判断して行動します。

一方でオランウータンは単独、もしくは母子のみで生活し、生活範囲は数平方キロメートル内に収まります。観察力や把握力に長け、自分が納得しないと行動せず、感情を表に出すことも少ないそうです（ただし、いざというときには驚くほど俊敏らしい）。

こうした行動傾向の違いを、人間の性格タイプに当てはめて考えたのが、「類人猿診断」です。実際にやってみると、不思議なほどにしっくりきます。

オランウータン：単独行動で職人肌
チンパンジー：ムラっ気が強いが、強いリーダーシップを発揮
ゴリラ：秩序を守り、物静か
ボノボ：愛嬌があって互いの気持ちを大切にする

子どもだましの心理テストだと感じる方もいるかもしれませんが、**自分や他人の性格や考え方の違いを把握しておくことは、組織で動く上では欠かせない**と私は考えています。

同じ状況に遭遇しても、感じ方も違えばその後の行動も違います。その違いをハッキリと認識しないままだと、「なんでそんなことするの？」「ここであえてそれ言う？」など、他人の言葉や行動に振りまわされてしまうことにもなりかねません。自分と他人の考え方の違いを許容できることは、円滑なチームワークには不可欠です。

また採用においては、「今自社に必要な人材がどういうタイプか」をこの類人猿診断を通して検討することもできます。そのため私は、本選考に進む前に候補者の方々には、必ず一度この類人猿診断を行なっていただき、結果を提出してもらっています。

もちろん、これだけで合否を決定するわけではありませんが、指標のひとつとして有効に活用しています。

なお、この類人猿診断。社員をタイプ別に分けたときのバランスがよければよい、という話ではなく、自社がどういう組織を目指しているかによって理想の比率は変わります。

弊社の場合、できるだけバランスよくいろいろなタイプの人材を配置したいので、「今はボノボが足りていない」「今回はオランウータンが欲しい」というように考えますが、「うちはゴリラだけが欲しい！」という会社もあるでしょう。

まずは社長自ら、既存のスタッフと一緒にこの類人猿診断をやってみてください。

ご自身や既存のスタッフがどのタイプに分類されるのか、自社はどういう構成になっているのか、自社に向いているのはどのタイプなのかなど、楽しみながら考えられるはずです。

この類人猿診断では物足りないという方は、さらに細かく分類できる「16 Personalities」という性格診断テストもおすすめです。ユングのタイプ論が基本になっており、「外向的か内向的か」「感覚的か直感的か」「思考型か感情型か」「判断型か知覚型か」という4つの対立軸で、性格を16タイプに分けることができます。

- 類人猿診断
  http://yakan-hiko.com/gather/
- 16 Personalities
  https://www.16personalities.com/ja

求める人材像をつくるための5つのポイント

さて、求める人材像の具体的な描き方について考えていきます。何事も段取りが大事だと言われますが、採用も同じです。求める人材像を明確に描けていれば、採用や選考においても悩むことが少なくなります。求める人材像を設計するために、まずは次の5つの質問に答えてください。

質問①採用したい職種は？
質問②採用した人材にやってもらう具体的な仕事は？
（入社後すぐのことではなく、理想の状態）
質問③採用した人材につくり出してもらいたい具体的な理想の成果は？
（社内のモデル社員もイメージする）
質問④その成果をつくる際の、困難や難しさは？

質問⑤その困難や難しさを乗り越えて、成果を生み出せる人材とは？

質問⑤の答えが、「求める人材像」になります。より鮮明なイメージを描くための3つのポイントを合わせてご紹介します。

ポイント①　「人間性」と「能力」に分けて考える

人材の資質は、大きく「人間性」と「能力」に分けて考えることができます。それぞれで求めるものを明確にしておきます。このとき、漠然とゼロから考えようとすると難しいので、弊社では「人間

求める人材像を描くための5つの質問と回答例

Q．採用したい新卒の職種は？

コンサルタント、エンジニア、デザイナー

Q．採用した新卒人材にやってもらう具体的な仕事は？（現状ではなく理想で）

既存サービスのアシスタントと、新たな経営改善テーマの研究

Q．採用した新卒人材に創り出してもらいたい具体的な理想の成果は？（モデル社員をもとに）

既存サービスの習得と、新たな経営改善テーマの研究とリリース

Q．その成果を創るためにはどんな困難や難しさが存在しますか？（離職理由）

KPIを抜き出すスキル、インプットをアウトプットに変換できるスキル

Q．その困難や難しさを乗り越えて、成果を生み出せる人材とは、どんな人材ですか？

自ら考えて、行動できる人材

求める人材像を描くための要素

人間性（思考性）ディクショナリー

誠実／素直／正直／純粋さ／愚直	協調性／調和性／寛容さ	本気／情熱／熱心／真剣／熱さ	向上心／成長意欲／挑戦心／勤勉
責任感／完遂力／やりきる	楽しむ／ユーモア／活気	主体性／積極性	冷静／客観的／規則正しい／慎重
謙虚／感謝／恩義	まめ／緻密／細かい繊細／まじめ	こだわり／追求心／一途	機転が利く／先回り／気配り
思いやり／愛情／やさしさ／気配り	ポジティブ／楽天／明るさ／前向き	俊敏／スピーディー／効率的	強さ／タフ／元気／根性

能力（行動レベル）ディクショナリー

傾聴力	改善・変革力	時間管理力	協力要請力	臨機応変対応力	報連相力	簿記・会計力	片付け力
プレゼンテーション力	ストレス耐性力	シナリオ構築力	根回し力	自己成長力	プランニング力	プログラミング力	行動力
巻き込み影響力	論理的思考力	集中力	スピード力	追求力	交渉力	タイピング力	事前準備力
問題解決力	ビジネスマナー力	目標設定力	デザイン力	決断力	サポート力	計算力	報告力
提案力	情報収集力	有言実行力	記憶力	伝達力	文章力	ユーモア力	先読み力
企画・創造力	コミュニケーション力	質問力	分析力	気遣い力	語学力	体力	マネジメント力

出典：厚生労働省「職業能力評価基準」（コンピテンシー・ディクショナリー）を参考にSUMUSが作成

性（思考性）ディクショナリー」と「能力（行動レベル）ディクショナリー」というツールをつくって検討しています。あらかじめ、求められそうな人間性や能力の候補をリストアップしてあるため、自社に必要なものにチェックを入れるだけでできてしまいます。

ポイント②　特に大切な優先順位の高い5つに絞る

往々にして私たちは、他人にはあれこれと求めてしまいます。人間性ディクショナリーや能力ディクショナリーを使っていても、なんだかどれも大切に思えてきて絞り込めなくなりがちです。しかし項目を増やしすぎると、「結局何を見ればいいのか」がどんどんわかりづらくなり、要件を満たす人材を見つけられなくなります。

- 入社後に育成できるものではなく、入社前に備わっていて欲しいものを考える
- MUST条件（絶対に必要なもの）と、WANT条件（できれば欲しいもの）に分ける

この2つの軸で、最大で5つの「これだけは譲れない」という項目に絞りましょう。

ポイント③　言葉や表現の仕方を工夫し、自社らしいものにする

求める人材像の項目は、そのまま使ってもよいのですが、できるだけ自社に合った言葉や表現に変換するようにします。なぜならば、**求める人材像は経営者の頭の中にだけあるのでは不十分で、採用に携わる人の間でしっかりと共有されている必要があるからです。**そう考えると、社員にとってもわかりやすく覚えやすい言葉であったほうがよいのです。場合によっては既存の社員をモデルにして「営業の田中さんみたいに、最後までしっかりやってくれる人（完遂力）」のように伝えるのもいいですね。

求める人材像は行動特性にまで落とし込む

求める人材像が描けたら、次はその特性を満たす「行動特性」を考えます。**求める人材像が行動特性まで定義して共有されていると、面接や選考のときに正しく見極めることができます。**求める人材像を設定しているのに、面接官が残した人がイメージとまったく違う、実際に採用してみると思っていた特性を備えていなかった、というように、求める人材像と実際の人材の質にズレがある場合には、ここがうまくできていない可能性があります。

例えば、「賢い人」を必須項目として設定していたとします。賢い人のイメージは人によって異なりますので、面接の担当者に「賢い人を採って」と伝えるだけでは、ムラができます。本人が「周囲から賢いと言われます」と言っているのを鵜呑みにするわけにもいきませんし、学歴だけを見て判断するのも危険です。

事前に、賢い人とは、どういう人なのか、どういう言動をするのかをイメージし、チェック項目を準備しておきましょう。

例えばSUMUSでは、「賢い人」を「知識を知恵に変換し、新しい発想がつくれる人」と定義しました。これを行動特性に落とし込むと、次のようなものがあげられます。

- 書籍をたくさん読んでいる
- 計算スピードが速い
- わからないことはすぐに調べたり、質問したりする
- 一見ばかげたアイデアも堂々と言える（正解を求めない）

こうした行動特性を判断する選考としては、一見予想もつかないような数字を、論理的思考能力を頼りに概算する「フェルミ推定」や、新商品開発のためのアイデア出しの「ブレインストーミング」などがあるでしょう。

また、「面白い人」という要件だとどうでしょうか。面白い人とは、「相手の話を理解して、ユーモアのある切り返しができる人」と言うことができます。「面白い人」の特性として共通する点は、次のようなものがあります。

- 雑談が5分以上できる
- 大きな声であいさつができる
- その人がいると場が明るくなる

そしてその特性を見るためには、「スタッフとの雑談トーク」などが適しています。

このように、求める人材像の行動特性が判断できる仕組みを考え、選考の中に組み込んでいきます。この行動特性までしっかりと社内で共有できていれば、一人ひとりが候補者の何気ない言動の中から特性を見極めることが簡単にできるので、社員に任せていても社長のイメージから大きくズレることも少ないでしょう。

絞って絞って、たった1人のペルソナを決める

さて、ここまで会社として採用したい人材、つまり「求める人材像」の話をしてきましたが、ここからはそんな人材を獲得するための、ターゲットとペルソナの話に移りたいと思います。

本章のはじめに採用戦略の話をしました。どんな採用手法を取るにあたっても、必ず「ゴール」「ターゲット（誰に）」「戦略（何を）」「戦術（どうやって）」の4つを考えます。ここでのターゲットをさらに細かく切り出したのがペルソナです。

例えば、このような設定です。

求める人材像：粘り強く、最後まで諦めない心を持っている人

ターゲット：20代の男性

ペルソナ：大学4年の春まで野球部で頑張ってきた人

求める人材像が、言葉の通り企業側が求めるスキルや特性に終始しているのに対し、**ターゲットやペルソナは、その属性や趣味、経験なども踏まえながら設定**します。

ターゲットを絞ることは機会損失になってもったいないと躊躇されることがありますが、実際には逆です。私に言わせれば、ペルソナを設定しないことほどもったいないことはありません。世の中には、ターゲットやペルソナを設定しないまま売り出して、不幸な結末で終わってしまった商品やサービスが数えきれないほどあります。

どんな企業にも、予算があります。ターゲットを設定しない、あるいはターゲットが広すぎると、1人あたりにかけられる予算がそれだけ少なくなってしまい、**結果的に誰に対しても十分な認知形成や購買意欲増進ができないまま忘れられていく**のみです。

また、「すべての人を喜ばせることができる」という考え方も、今の時代には沿いません。

過去、成長途中にあった日本社会では、常に昨日より今日、今日より明日、社会が豊かになることが目に見えていました。だからこそみんなで同じものを目指して一致団結し、突き進んでいこうとする空気がありました。

正解はひとつ。みんなと一緒。家電でも、ファッションでも、住宅でも一世を風靡するトレンドがあり、世代論が通用しました。

しかし、現在まわりを見渡してみると

ペルソナ設定

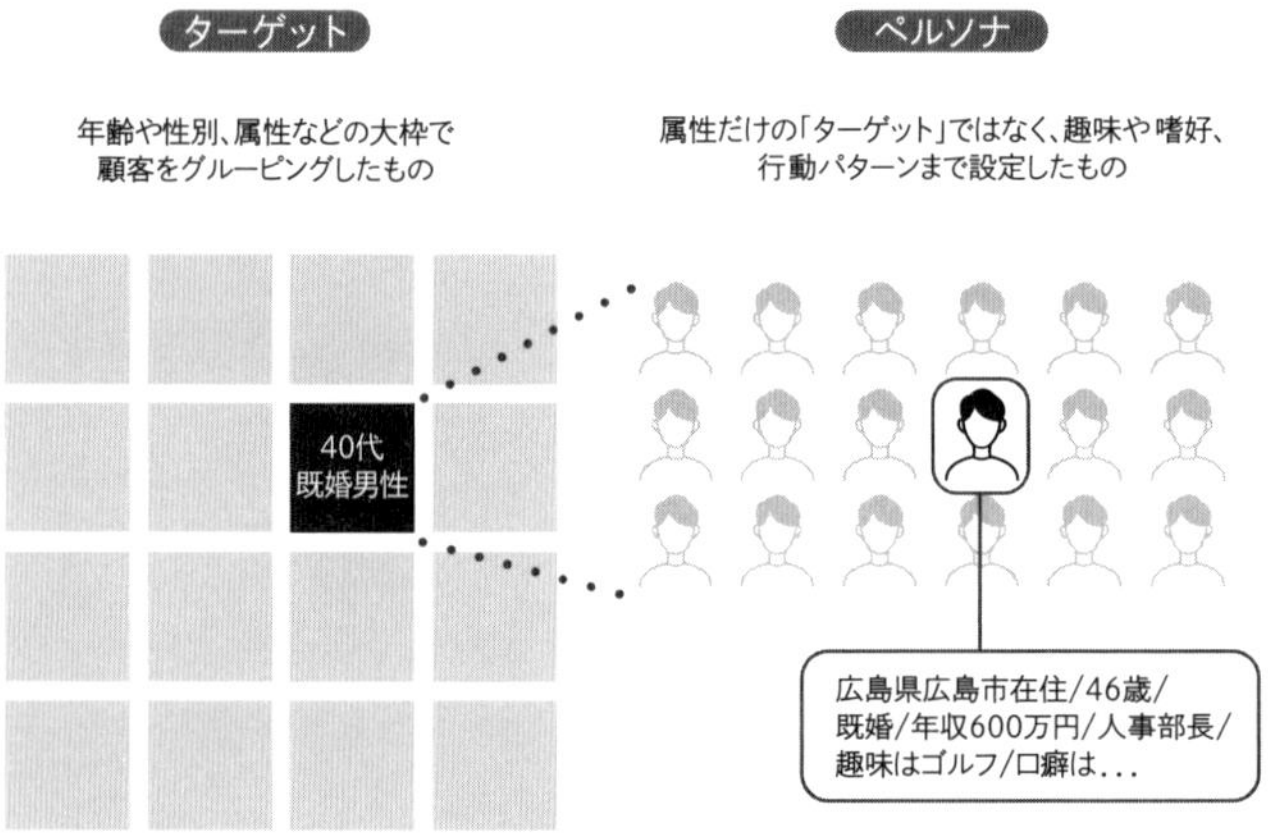

ターゲット
年齢や性別、属性などの大枠で
顧客をグルーピングしたもの
40代
既婚男性
ペルソナ
属性だけの「ターゲット」ではなく、趣味や嗜好、
行動パターンまで設定したもの
広島県広島市在住/46歳/
既婚/年収600万円/人事部長/
趣味はゴルフ/口癖は...

どうでしょうか。価値観は多様化し、選択肢は無限にある。社会は成熟しきっており、明日が今日より豊かになる確証はどこにもありません。言われた通り、教えられた通りに行動したからといってうまくいく保証はどこにもないわけです。そうなると、これまでのような「みんなと一緒」「みんなの正解」がなくなり、自分の納得できる解を探して、自己選択するようになります。

採用戦略を考える上でも、この視点は重要です。**今の学生たちには、決まった就職観のようなものがありません。**それぞれが自分の理想の未来に向けて、どのような仕事をするか自由に発想し、選択します。ですから一言で「大学生」という雑なくくりをするのではなく、絞って絞って絞って、「この人!」という1人を指定するくらいにまで絞り込んだペルソナ設定を行ないます。

ペルソナ設定シートを活用する

ペルソナを設定していく最も簡単なやり方は、ペルソナ設定シートに沿って、セグメントを考える方法です。まずはペルソナを特定するための縦軸・横軸をできるだけ多く書き出します。ここでは一例としてSUMUSで使用しているペルソナ設定シートを参考に載せていますが、求めるスキルや資質などは会社によって異なるため、オリジナルを制作することをおすすめします。

年齢や性別だけでなく、価値観やライフスタイル、世帯人数など幅広く考えます。また、趣味や好きな食べ物、ファッションなど、仕事とは直接関係のなさそうな内容も含めることで、あたかも実在する人物のようなペルソナを描くことができます。

ペルソナ設定シート

性別	男	女							
年齢	～25	26～30	31～35	36～40	41～45	46～50	51以上		
職業	正社員	公務員	自営業	派遣社員	アルバイト	主婦	会社役員		
前職年収	~400万	401~500万	501~600万	701~800万	801~900万	901~1000万	1001万以上		
会社の売上	1億未満	1億～3億	3～5億	5～10億	10～20億	20億～			
資格	なし	一級建築士	二級建築士	管理技士	宅建	FP	車	その他	
自己資金	~300万	301~500万	501~700万	701~900万	901万以上				
最終学歴	専門	大学	大学院						
大学	旧帝大	早慶上理	MARCH	地方国公立	その他私立				
趣味	旅行	スポーツ	バイク	映画	買い物	音楽観賞	ゲーム	たくさん	酒
休日の過ごし方	休む	出かける	家族重視	資格勉強					
家族	独身	夫婦	3人家族	4人家族	5人以上				
子供の年齢	乳幼児	園児	小学生	中学生	高校生	大学生以上	なし		
転職のきっかけ	給料	勤務地	労働条件	専門性	人間関係	キャリアアップ	やりがい		
やりたいこと	意匠設計	構造設計	設備設計	施工管理	その他				
性格	外交的	内向的	ガツガツ	受け身	コミュ強	シャイ	計画的	行き当たりばったり	
ライフスタイル	仕事中心	家族中心	趣味中心	バランス型					

ペルソナが変わればインサイトも変わる

ペルソナが明確に定まったら、彼らの心の内を探ります。マーケティング用語に「インサイト」という言葉がありますが、**「人を動かす隠れた心理」**という意味です。そのスイッチを押すことで、ペルソナの感情が大きく動き、こちらの望む行動を誘発することができるボタンのようなものです。ペルソナを細かく設定するのも、このインサイトを確実に突くためと言い換えてもいいかもしれません。

ペルソナ設定がぼやけていると、漠然としたインサイトしかイメージすることができず、結果的に訴求するメッセージも緩いものになりがちです。自分の胸に飛んできた大きなビーチボールを受けても大して痛くはありませんが、研ぎ澄まされた矢を心臓に向けて放たれたら致命傷を負ってしまいますよね。たとえが物騒で恐縮ですが、矢を突き刺すように、相手の心を深くえぐるような訴求をしなければ、消費者も採用候補者もこちらを振り向いてはくれないのです。

ひとつ気をつけておかなくてはいけないのが、**「ニーズ」と「インサイト」は違う**ということです。インサイトはあくまでも「隠れた心理」であって、本人すら自覚していないようなものです。「お客様の声に〇〇と書いてあったから」「学生アンケートで〇〇と指摘されたから」など、簡単に相手から提示されるような情報にインサイトはありません。

わかりやすい事例に洗濯用洗剤の「アリエール」があります。あるとき、「除菌ができるアリエール」という新しいタイプの洗剤を開発しましたが、発売当初はまったく売れなかったそうです。なぜならば消費者の側に「衣服に菌がいる」という認識がまったくなかったため、除菌ができることのメリットにピンとこなかったのです。

そこで販売元のP&Gは「部屋干しすると生乾きのニオイがして嫌だ」という、昔からある洗濯のお悩みを突きました。部屋干しの衣類からニオイがするのは、衣類の中で菌が繁殖しているからであると伝えることで、消費者は菌の存在と除菌をすることのメリットを一発で理解できるようになったのです。
これにより、除菌ができるアリエールは、大きくシェアを伸ばしました。これは、消費者の認識さえも大きく変えてしまったインサイトの好事例です（参考『USJを劇的に変えた、たった1つの考え方　成功を引き寄せるマーケティング入門』森岡毅著　KADOKAWA）。

このように、インサイトを探るためには、消費者自身も気づいていないような欲求を丁寧に深掘りしていく必要があります。先ほどの部屋干しのニオイもそうですが、中には「そういうものだ」としてすでに受け入れられてしまっているものも少なくありません。インサイトという言葉がわかりづらければ、シンプルに「うまく言葉にできないけど、すごく悩んでいること」と考えても大丈夫です。

情報を届ける相手が変われば、抱えている悩みも、インサイトも変わります。例えば、「粘り強く頑張る人が欲しい」という求める人材像から、「大学4年の春まで、野球部で頑張ってきた人」をペルソナとして設定したとします。大学でも体育会系で頑張ってきた人は、就職活動に出遅れがちです。情報が少ない中で、自分の特性を活かせる仕事を探そうと焦っていることも少なくありません。彼らには「今からでも間に合う」といったフレーズや、選考の過程で就活に必要な自己分析や業界研究ができるようなプログラムが喜ばれるかもしれません。

弊社の事例もひとつご紹介します。もともと弊社は日本で一番住宅写真を撮影していた会社でした。住宅会社にとって、自社の成功事例を高いクオリティの写真で残しておくことはとても重要です。そこで弊社ではカメラマンを派遣して、全国の住宅の写真を撮りまくっていました（コロナをきっかけに、宅内の撮影が難しくなり、事業としては撤退しました）。

このときに必要になったのが、そう、「カメラマン」です。依頼が溢れていたので、できるだけたくさんの、出張撮影ができるカメラマンさんたちと業務委託契約を結ぶ必要がありました。ここで私が目をつけたのが「夢破れた40代カメラマン」たちです。

自分でどんどん仕事を取って来られる人はいいですが、そうでない人はプロとして独立したものの食べていくことができずに、カメラマンとして生きていく夢を諦めるかどうかの決断を迫られます。そのタイミングがだいたい40歳前後です。私は彼らに「夢を諦めずに、写真の仕事を続けませんか？」と呼びかけたのです。動かない被写体なのでもしかしたら面白い仕事ではなかったかもしれませんが、もともと写真が好きで独立した人たちなので、写真を仕事にできるということに喜びとやりがいを持って取り組んでくれました。

繰り返しますが、ペルソナは絞れば絞るほど、インサイトがくっきりと鋭利になります。例えば、「シングルマザー」と言っても、20代、30代、40代それぞれで抱えている悩みはまったく異なります。年齢だけでなく仕事観を見ても、「仕事とプライベートをきっちり分けて、ストレス少なく働きたい」人もいれば、「シングルマザーだからこそ、バリバリ稼ぎたい」人もいます。

インサイトを刺すことができれば、「まさに私にぴったりの仕事だ！」と運命を感じてもらうことさえできるのです。

相手の心をえぐるインサイトの見つけ方

インサイトがいかに重要であるかはご理解いただけたかと思うのですが、実は本当に大変なのはここからです。インサイト、つまり目に見えない隠された心理を探し出さなくてはいけないからです。

インサイトを見つけるステップは大きく2つ。まずは何度も言っているように**「誰」を明確に定め**ます。そして「誰」が決まったら、**彼らのライフスタイル、キャリア、ワークスタイルを鮮明にイメージ**します。ときには直接観察し、インタビューすることも必要です。

ペルソナは、あなたとはまったく違う価値観を持っています。同じものを見ても、捉え方もまったく異なります。ここでひとつ、面白いたとえ話があります。

あなたにとって、自宅の玄関はどのような場所ですか？　年収3000万円のご家庭にとって玄関というのは、接客スペースです。つまりお客様をお出迎えする場所。そのため広く開放的な設計が喜ばれます。一方、年収600万円のご家庭にとって、玄関は収納スペースです。空間をうまく活用した整理整頓しやすいデザインが喜ばれます。私自身の話をすると、自宅を店舗併用としているため、ひとつの家の中に玄関を3つ（オフィス直通、自宅スペース用、ガレージ用）つくっています。

このように、玄関ひとつ取っても、視点が変われば問題もまったく変わります。**ペルソナのライフスタイルが見えないことには、問題解決どころか、問題に気づくことすらできません。**

わかっているつもりにならず、現場を見ながらインサイトを探ります。実際にやってみると、設定したインサイトがズレていることもよくあります。ペルソナ設定とインサイトを往ったり来たりしながら、本当に刺さるものが見つかるまで、何度も磨き続けてください。

3章

「SNS」×「自社サイト」の必勝パターン

多様化する採用チャネル

人材採用を考えたとき、あなたの会社では最初に何をしますか？　圧倒的に多い答えが、リクナビやマイナビなどの「ナビサイト」の担当者を呼んで、求人掲載を依頼するというものです。

1章でも述べましたが、まだまだ多くの中小企業においては「採用＝ナビサイトへの掲載」という考え方が根強く残っています。これは、裏を返せば**「求職者はナビサイトを見て就職（転職）先を探す」というイメージが強い**ということです。

しかし、本当にそうでしょうか？

例えば、カバンを買いたいと思ったとき、どこでどのように購入するかは人それぞれですし、またそのときの状況によっても変わります。

- 対面で購入する：デパート、専門店、セレクトショップ
- インターネットで購入する：Ａｍａｚｏｎや楽天などのポータルサイト、ブランド直営のＥＣサイト、セレクトショップのウェブサイト、製作者とＳＮＳのダイレクトメールで直接やりとり、メルカリなどの中古販売マッチングサイト

ざっと思いつくだけでも、これだけの選択肢があがります。このように商品購入の行動パターンが多様化しているのと同じで、就職活動における求職者の行動パターンも多様化・複雑化しています。

注目すべきポイントは、「流行はある」が、「みんなの行動が同じように変化しているわけではない」ということです。「ナビサイトは時代遅れだから、今はみんなスカウトサイトに登録している」など、わかりやすくトレンドが推移してくれていれば、こちらもそれに合わせて対応すればよいだけですが、実際には人によって好む媒体も異なる上に、１人の人がいくつもの媒体を使い分けています。

そのため、企業側は複数の媒体をミックスさせたマルチエントランスな採用活動を組み立てる必要があります。ここでは5つの採用手法について、そのメリットとデメリットを並べてみましょう。

●ナビ媒体

「リクナビ」「マイナビ」などの採用ポータルサイトです。ナビ媒体の最大のメリットは、多くの求職者が登録しており、**幅広い母集団の形成**ができる点です。一方で、**人材の質はバラツキ**が多く、決定が生じない場合でも料金が発生するため、資金に余裕のない会社にとってはハイリスクの方法であるとも言えます。

また、新卒採用においては、広報活動の解禁日となる3月1日を境に「プレサイト」と「本サイト」に分かれており、早い時期から掲載を希望する場合、2サイト分の料金が必要となります。

●人材紹介

自社の募集要件に合わせて人材を探すため、理想的な人材とピンポイントで出会える可能性が高いのが人材紹介のメリットです。また、**選考プロセスの大部分を人材紹介会社に任せることができるため、工数が少ない**ことも魅力のひとつです。ただし決定時の報酬は入社者の年収の3分の1が相場となり、他の媒体と比較しても高額です。

●スカウト媒体

スカウトとは、企業が就職・転職希望者へ直接アプローチをする採用手法です。「ダイレクトリクルーティング」とも呼ばれます。自社の募集要件に合致する人材や、優秀と思われる人材と出会うことができ、また社長や担当者が直接アプローチをかけることで、他社との差別化を図ることもできます。ただし、スカウトメールの送信や、効果的な文章の作成など工数がかかります。

弊社の新卒採用はスカウト媒体からはじめました。きっかけは選考で出会った学生からすすめられたことでした。学生たちも、スカウト媒体に積極的に登録していると聞き、すぐに取り入れました。

●自社採用サイト

商品やサービスを紹介するいわゆる「コーポレートサイト」とは別に、**採用専用の「リクルートサイト」を制作**し、活用する企業が増えています。自社採用サイトでは、ナビサイトのようにページ数や掲載時期などの制限がなく、必要な情報を必要なだけ、好きなように掲載できることが最大の魅力です。

ただしサイトをつくっただけでは集客力が弱いため、広告やSNSなどと組み合わせ、効果的な活用方法を検討する必要があります。

求人媒体の特徴

	コスト	母集団の量	母集団の質	工数
ナビ媒体	△ 決定が生じない場合でも料金が発生	○ 広く母集団形成ができる	△ 多様な人材が応募	△ サービスのオプションによる
人材紹介	× 入社者理論年収の30%前後	× 大きな母集団の形成は難しい	○ 要件に合った人材とピンポイントで出会える	○ 選考のプロセスの大部分を任せることができる
スカウト媒体	○ コストコントロールがしやすい	○ 担当者次第で調整可能	○ 優秀と思われる人材のみと出会える	△ 企業自らが人材を探し、直接アプローチ
自社採用サイト	○ 外注化した際のコスト負担が多い	○ 採用戦略における位置付け・活用次第	○ 転職潜在層の優秀な人材と出会える	△ 情報発信に手間と時間を要する
リファーラル採用	○ 採用する側からアプローチ	△ 量を期待する施策ではない	○ 自社をよく知る社員から優秀な人材が紹介される	○ 仕組み・制度の確立が必要

●リファーラル採用

近年注目を集めているのが、**既存の社員のネットワークを利用したリファーラル採用**です。リファーラルという言葉には推薦や紹介といった意味があります。リファーラル採用とはつまり、**「社員による紹介採用」**です。

社内のことを熟知している社員が、優秀でかつ自社に合うと思われる人材を紹介するため、採用候補者の質と信頼性を担保できるのが大きなメリットです。紹介者には決まったインセンティブを支払うなど、あらかじめ仕組みや制度の準備が必要です。

「SNS」×「自社サイト」は最強の合わせ技

ここで紹介した採用手法は、すべて私が代表を務めるSUMUSで導入し、それぞれで効果検証しました。ひとつの媒体に限らず、複数を組み合わせるという前提は置きつつも、絶対に取り入れて欲しいのが、本書のテーマである**SNSと自社サイトの組み合わせ**です。SNSはそれ単体では、応募の取り扱いなどが難しく採用の仕組みとしては機能しづらい側面を持っていますが、自社サイトと組み合わせることで大きな効果を発揮します！

SNSと自社サイトに共通する強みは、「自社のやり方で戦える」という点にあります。一般的なナビサイトは、登録者が多く便利な反面、ページの仕様が固定化されており、複数の企業が同じ項目で比較されることになります。知名度、会社規模、また給料や福利厚生などの条件で比較されると、ほとんどの中小企業はどうしても都会の大企業より見劣りしてしまいます。そもそもフィルター検索で、候補者の目につく前に除外されているかもしれません。

また、ナビサイトには大抵、**検索上位表示のオプションプラン**があります。通常のウェブ検索と同じく、ナビサイトにおいてもやはり、検索したときにより上位に表示される求人情報のほうがよく閲覧される、という原則は変わりません。つまり、極端な言い方をすれば、通常の掲載料金に加えて、**オプション費用を払う余裕のある企業ほど、多くの候補者に閲覧・認知され、人材を採用でき、一方でそれほど予算を割けない会社は、その存在に気づかれることすらなく、ただただ静かに掲載期間だけが過ぎていってしまう**、ということです。

ナビサイトの悪口が過ぎたかもしれませんが、このような考え方から、私たちはナビサイトに依存せず、自社のリクルートサイトを最大限活用した採用戦略を提案しています。ナビサイトとSNSの役割は次の通りです。

SNS↓認知獲得、集客

自社採用サイト↓自社の強みを訴求、応募受付

なお本書では、「SNSのフォロワーを増やしてファンを増やす」といったアカウント運用については触れず、SNS広告を活用した方法をお伝えしていきます。そのため、現時点でSNSをまったく活用していないという企業でも、すぐに取り組み、結果を出すことが可能です。

SNS広告をはじめるにあたり、私が意識したのは**「1人あたりの集客コスト」**です。つまり、会社説明会やインターンシップに1人呼ぶのに、いくらかかったかという視点です。もともと、採用にSNS広告を取り入れる発想のきっかけとなったのが、ナビサイトにおける集客コストを分析したことでした。エリアによって差はありますが、1集客あたりコストは1万円を超えており、「高いな」と直感的に感じたのです。

ナビサイトに1人あたり1万円をかけられるのであれば、その分SNS広告に費用をまわしたら、もっと効果的に集客できるのではないかと考え、SNS広告を活用した採用を導入し、研究しました。

広告から内定までの流れ

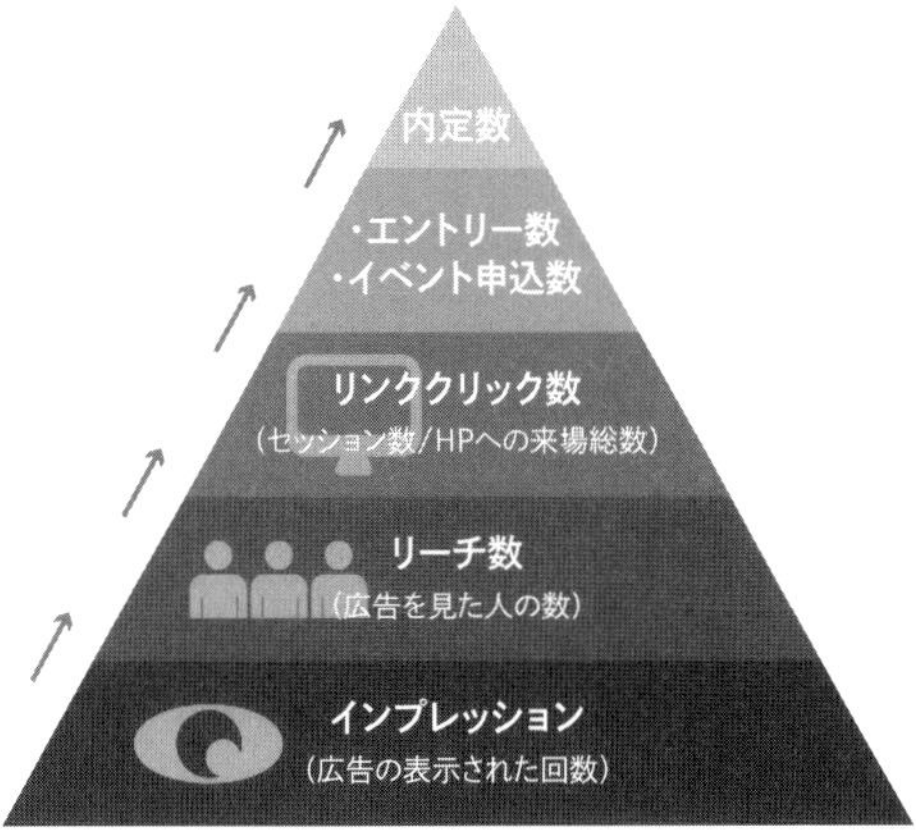

工務店におけるポータルサイト集客の採用効率

年月	熊本	和歌山	岐阜	埼玉	高知
10ヶ月集客数	7,586	5,764	5,440	8,434	5,645
平均集客数	64	68	84	164	133
マイナビ広告費	800,000	800,000	800,000	800,000	800,000
1集客あたりコスト	12,500	11,765	9,524	4,878	6,105
エントリー率	0.84%	1.18%	1.54%	1.94%	2.36%

出典:シンミドウ社集計データをSUMUSが編集

自社採用サイトを持つべき3つの理由

前述した通り、SNSでは認知の獲得ができても、説明会やエントリーの受付はSNS上だけでは完結しません（厳密に言えば、コメントやDM＝ダイレクトメッセージで受け付けること自体は可能ですが、管理工数がかかりすぎるため、おすすめしません）。そこで必ず、**受け皿となるサイトやページが必要**です。

広告では、**「バナー広告」**を活用します。タイムライン上に投稿を模した広告を表示し、その広告をタップすると、設定したウェブサイトに遷移する方法です。

それだけであれば、自社の採用サイトではなく、ナビ媒体などの求人掲載ページを設定してもよいのではないか、と思われた方もいらっしゃるかもしれません。たしかにそうすれば、サイトの制作費や準備期間が不要となります。しかしここでは、イニシャルコストをかけてでも、自社採用サイト（リクルートページ）を用意したほうが絶対によいです。それには3つの理由があります。

自社サイトを持つべき理由①

広報活動の解禁日前から情報発信ができる

2022年現在、内閣府からの要請により、新卒採用において企業は候補者が大学3年次の3月1日から、就職活動に関する広報活動が可能となります。これは、激化する就職活動・採用活動を抑制し、学生が学業に専念し、安心して就職活動に取り組める環境をつくるためとされています。しかし実際には、解禁前から各社はさまざまな方法で学生にアプローチし、解禁とほぼ同時に「内定」を出しています。

2022年3月1日時点で、すでに内定を獲得している2023年卒の学生は22・6%もいたとする調査もあります（出典：就職プロセス調査（2023年卒）「2022年3月1日時点 内定状況」株式会社リクルート 就職みらい研究所）。

優秀な学生ほど、さっさと就職活動を進め、3月の時点ではもう就職先を決めてしまっているのです。

ところが、各種ナビサイトでは、この広報活動の解禁日に合わせた掲載しか認められていません。「プレサイト」「本サイト」のように2つのサイトに分けることで、事前の配信を可能にしていますが、それには2サイト分の掲載費が必要です。本サイトにのみ掲載をした企業は、解禁日にはもう出遅れてしまっているのです。

そこで、**自社の採用サイトを活用すれば、ポータルサイトが稼働していない期間も採用活動が可能**になります。広報活動の解禁前はインターンシップなどを実施することで、早い段階から学生と出会い、コミュニケーションを取ることができます。

自社サイトを持つべき理由 ②

好きなページを好きなだけつくれる

ナビサイトをはじめとしたポータルサイトでは、掲載する項目があらかじめ決められていることがほとんどです。ある程度の自由はありますが、ページのデザインも大幅に変更することはできません。各社が決まった仕様の中で自社の情報を掲載します。職種ごとに求人を出すことはできても、会社紹介のページは1ページのみです。

同じ体裁で並べられた情報を見る候補者は、何を頼りに一つひとつの会社の違いを見るかと言うと、「業種」「規模」「給料（初任給）」「勤務地」「福利厚生」などの規定欄に書かれた内容です。決められた枠の中での表現となるため、中小企業ほど候補者たちの目を引くような求人掲載が難しいのです。

一方で**自社の採用サイトを制作すると、好きなページを好きなだけ作成することができます。**ページ数に制限がないため、自社を紹介するページを何十ページでも用意できますし、社長の想いを熱く語るページがあってもよいのです。

同じ会社説明会のページでも、少しデザインを変えたものを複数用意して、ABテストを行ない、より効果的なページになるように改善することもできます。あるいは広告の配信ターゲットに合わせて、キャッチコピーやメッセージを変更することもできます。

例えば、インターンシップの案内にしても、近隣の学生には「社長から直接フィードバックがもらえる」という訴求をしつつ、遠方の学生には「交通費全額支給！」を押し出すこともできるのです。**見ている人に合わせて、伝える情報をコントロールできることのメリットは大きいです。**

SNS広告と組み合わせたときの自社サイトの役割は、会社のことをより魅力的に候補者に伝え、「こんな会社で働いてみたい」「ここに応募してみようかな」という気持ちを喚起し、実際の行動にまで誘導することです。表現の自由度が高い自社採用サイトは、設計次第で最強の武器になります。

ポータルサイトやナビサイトでは、資金力の差がそのまま認知や集客の差になりがちですが、SNS広告と自社サイトの組み合わせであれば、企画力やデザイン次第で無名の中小企業でもチャンスをつくり出すことができるのです。

自社サイトを持つべき理由 ③

候補者は事前に会社のサイトをチェックしているから

株式会社ディスコ（キャリタス就活2022）が2022年卒の大学4年生に向けて行なった調査では、「志望企業の研究に有益な情報源」として「個別企業のホームページ」を選んだ人が61・7％と、その他の選択肢を抑えて1位となりました。学生たちにとって、企業のホームページを見て説明会に参加するかどうかを決めるのは、ごく当たり前の行動になっています。

あなたも、新しいレストランを訪れる前に、お店の名前を検索してホームページを探した経験はありませんか？　レストランの場合、口コミサイトも多数ありますが、いずれにしてもそのお店の情報がしっかりと発信されていると安心し、逆に情報が少なくお店の雰囲気がわかりづらいと、「本当に大丈夫かな？」と心配になった経験がある人はきっと少なくないはずです。

就職活動のプロセスでも同じことがすでに起こりはじめています。リクルートサイトがない、詳しい募集要項が掲載されていない、会社の雰囲気がわからないといったことが、学生にとっての不信感につながりかねません。

　これからの時代の採用において、自社の採用サイトは会社の規模にかかわらず必須のものとなります。

志望企業の研究に有益な情報源

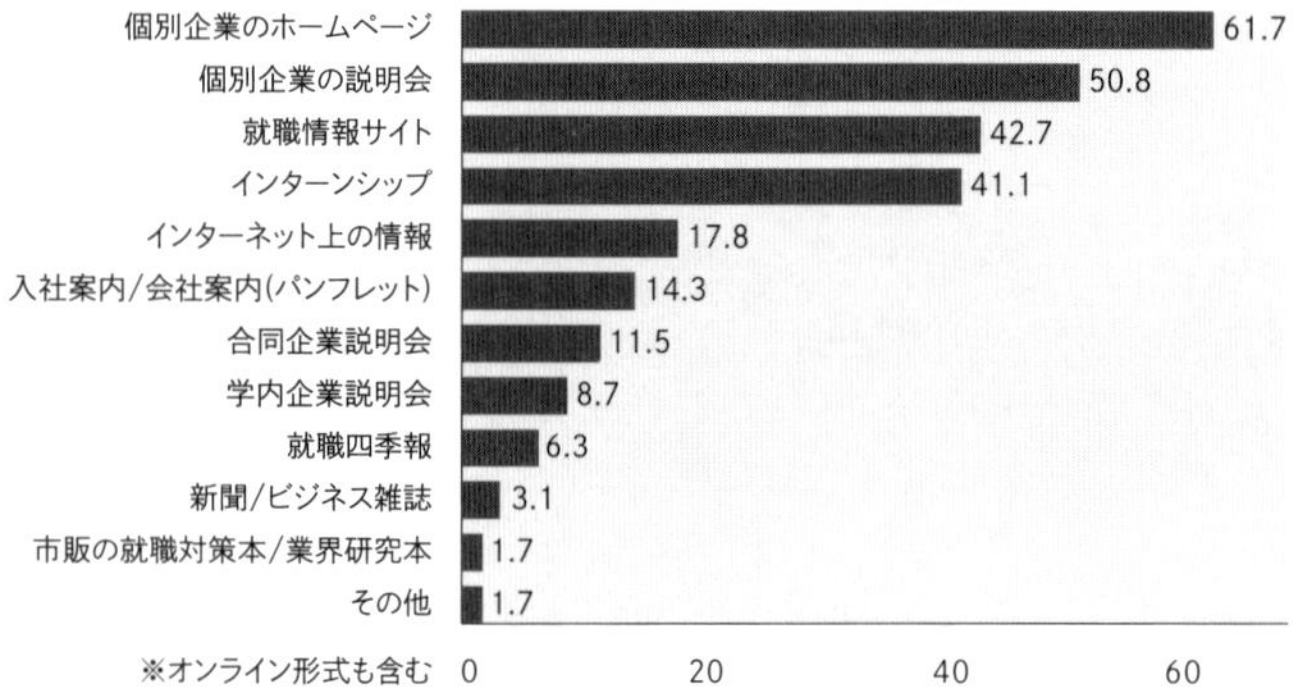

出典：キャリタス就活2022「採用ホームページに関する調査」

採用サイトは、たった5ページからはじめられる

「自社の採用サイトはあったほうがそりゃあいいんだろうけど、何から手をつければいいのかわからないし、そもそも予算を工面できるかどうか……」と不安になったあなた。大丈夫です！　**採用サイトは5ページあればスタートできます。**

①トップページ

採用サイトの「顔」になるページです。採用活動における「ナビ」のような役割を担うページになりますので、「どうすれば見せたいページに誘導できるか」を考えて、コンテンツの配置を設計します。

② **募集要項**

どんな職種があるのか、応募条件や業務内容などの情報を整理して記載します。はじめは1ページでいいですが、応募職種が複数ある場合には、1職種あたり1ページつくります。また、サイト運用に余裕ができてきたら、ペルソナ別にページをつくることで、検索でのヒット数も増え、**「私に合った職業かもしれない！」という運命の出会い**の可能性が高まります。

③ **「イベントに参加しよう」応募ページ**

インターンや本選考の説明会、求人相談、カジュアル面談など採用に関するイベントの応募ページです。今やっている業務と同時並行でできるイベントを企画し、数を増やしていきましょう。SNS広告からの遷移先（広告をクリックして表示されるページ）は主にイベントの応募ページになります。

④ **「会社・サービスを知る」会社紹介**

一般的な会社概要の他に、サービスの特徴や強み、他社との違いなども書いておくと、「どんな会社なのか」というイメージが膨らみます。また、社員数や男女比率、平均在籍年数などの定量的な特徴と、会社の沿革などの定性的な特徴をどちらも載せておくと、理解が深まります。

⑤「写真で知る」フォトギャラリー

採用候補者が知りたいのは、**「その会社に入ったあとのイメージ」**です。社内イベントや方針発表会、入社式、内定式、お客様感謝祭、社員旅行、飲み会など、疑似的にでも雰囲気を感じられるコンテンツがあると、働くイメージを抱きやすくなります。

まずは、これさえ用意できれば採用サイトとして十分稼働をはじめられます。5ページだけであれば制作費もグッと抑えられます。まずは小さくはじめて、少しずつ次のようなコンテンツも加えていきます。

「ココロを知る」経営者メッセージ
「文化を知る」ミッション、ビジョン、バリューなどの紹介

「ヒトを知る」先輩社員のインタビュー
「採用フロー」選考プロセス
「採用ブログ」イベント報告、会社紹介の中だけでは説明しきれない制度の紹介、就職活動に関するお役立ち記事など

また、弊社の採用サイトでは「WORK－STYLE」というページも作成しています。入社後どのように働くのかのイメージを具体的に持ってもらうために、若手社員のスケジュールを公開しています。

このページは、就活生からよく見られているページでもあります。専用のページを作成するのもいいですが、ブログの中に含める形であれば準備も不要ですぐに掲載できます。

株式会社SUMUSリクルートサイトに掲載しているWORK-STYLE

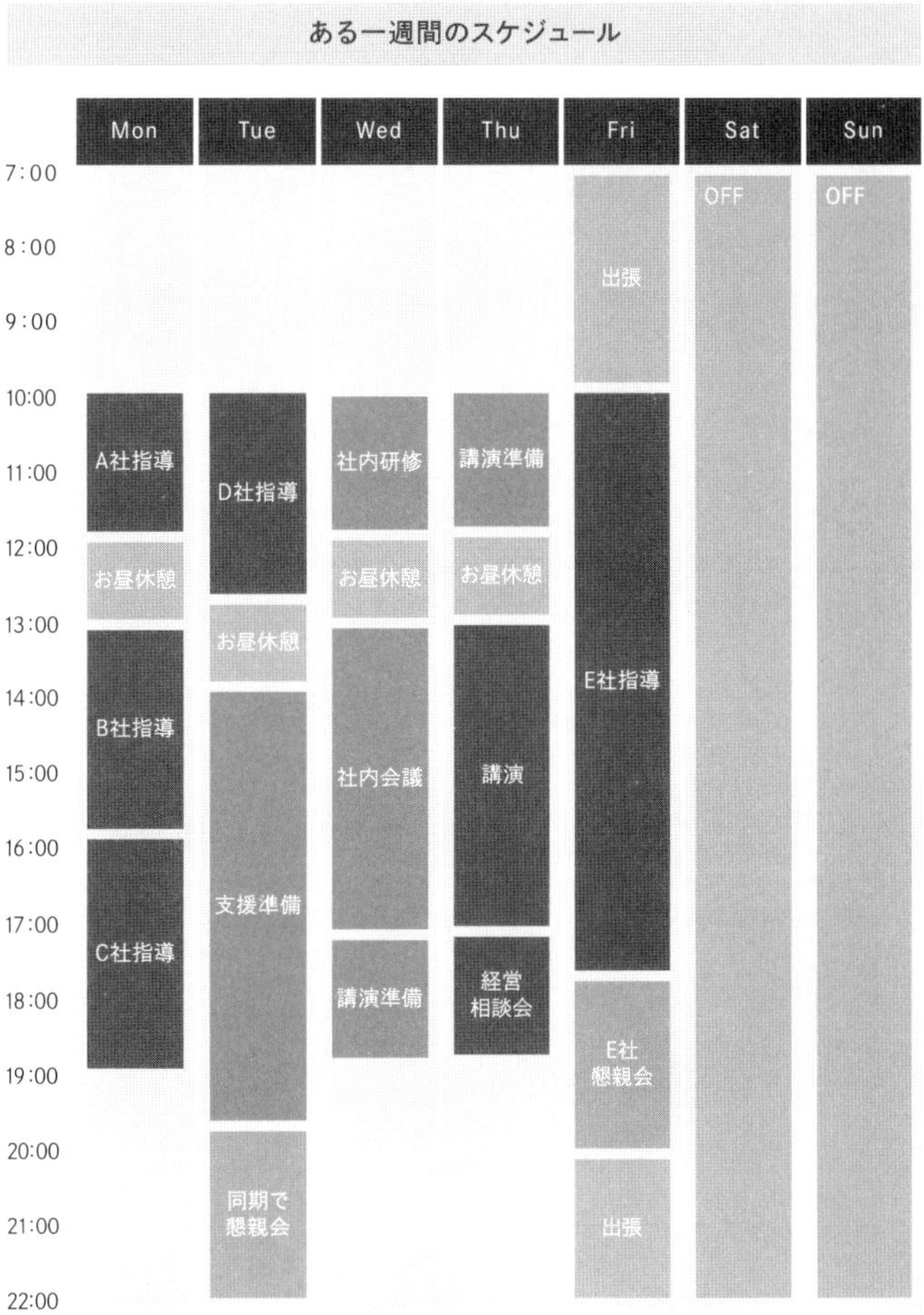

株式会社SUMUS リクルートサイトに掲載している WORK-STYLE

わたしたちの仕事

コンサルティングは、お客様とのお打ち合わせを基本として行われます。対面している時間ももちろん大切ですが、1回1回のお打ち合わせでどのような価値が提供できるかを考え、そのための入念な準備をしているときにこそ、コンサルタントの真価が問われます。全国の工務店や住宅会社がさらに発展できるようサポートをし、また私たちも支援を通じてお客様と一緒に成長させていただける仕事です。

先輩社員のある1日

7:00 訪問先へ移動

朝一番の飛行機で、お客様の会社がある広島県へ移動。機内では、訪問前の最終確認を行い、到着まで少し仮眠をとることもあります。

10:30 B社支援訪問

プロジェクトアシスタントとして、B社を訪問。B社の社長と幹部が集い、商品開発とその販売方法をミーティング形式で固めていきます。アシスタントもミーティングに同席し、その場で議事録を取りながら、検討内容と決定事項をまとめます。

13:00 ランチ

1日がかりの支援のときには、お昼ご飯もお客様と一緒にいただきます。出張の多いコンサルタントの特典の1つが、全国の美味しいものに出会えること。

17:00 B社支援準備MTG

支援訪問をうけ、プロジェクトリーダーの上司とともにミーティング。「鉄は熱いうちに打て」ということで、さっそく現場の雰囲気と社長からの新たな与件を振り返り、次回のコンサルティング内容を考えます。

18:00 東京へ移動＆C社営業準備

この日は日帰り。支援後はそのまま東京に戻ります。移動時間は無駄にせず、翌日のC社の営業訪問に向けた最終準備に当てます。上司との移動時間は、1対1でアドバイスをもらえる絶好のタイミングなので有効に活用します。

日ごろから高品質の写真を撮影しておく

採用サイトをつくる上で、非常に大切なのが「写真」です。「写真で知る」（フォトギャラリー）ページは必須コンテンツとしてあげられています。会社の雰囲気をよい形で伝えるためには、写真は欠かせない材料です。はっきり言ってエントリー前の候補者は、**サイトの文章なんてほとんど読んでいないので、写真で決まると言っても過言ではない**かもしれません。

採用サイトに限らず、ウェブサイトはだいたい基本の型の組み合わせでできています。横幅いっぱい使うか、2分割か、3分割か。切り抜きは丸か四角か。どんなウェブサイトもそうした簡単なパターンの組み合わせでできています。それぞれのイメージをつくっているのは、そこで使われている写真（あるいはイラスト）です。

ということは、次にやるべきことはもうわかりますね。そう、写真撮影です。

日ごろから写真を撮りためておかないと、使える素材がないということになります。

弊社では、採用サイト制作の際にお客様には写真の提供をお願いしていますが、写真がほとんどないという企業も少なくありません。式典の集合写真のような固い写真ばかりでなく、作業風景や打ち合わせの様子、休憩中の楽しそうな雰囲気など、会社やスタッフのいろいろな表情を残しておきましょう。

スマホのカメラで自分たちで撮影するのではなく、できればカメラマンに依頼して撮影してもらうことをおすすめします。SUMUSでは、イベントの際の撮影はもちろん、スタッフ全員のプロフィール写真もプロに撮影してもらっています。

「Ｉｎｄｅｅｄ」なしに現代の採用は語れない

自社の採用サイトをつくると、新卒採用だけでなく中途採用への対応もできるようになります。ここで絶対に意識してほしいのが**「Ｉｎｄｅｅｄ」（インディード）**の存在です。ＣＭや広告で見かけることも多いため、すでにご存じの方も多いでしょう。中途採用を考えるのなら、Ｉｎｄｅｅｄを無視することはできません。

では、Ｉｎｄｅｅｄと一般的な求人サイトとの違いは何でしょうか？

Ｉｎｄｅｅｄはリクナビやマイナビなどのような求人サイトではなく、**求人に特化した検索エンジン**です。日本における平均月間追加求人件数は５２０万件と、業界トップクラスの求人掲載数を誇ります。さらに利用者数も段違いです。Ｉｎｄｅｅｄの月間利用者数は４１００万人（２０２２年６月）と、国内の数ある求人サイトの中でも圧倒的ＮＯ・１で、日本で一番求職者に利用されている求人サイトと言えます

（２０２３年１月　Ｉｎｄｅｅｄホームページより）。

当然のことながらリクナビやマイナビに掲載されるのは、掲載費用を支払った企業の求人情報のみです。しかしＩｎｄｅｅｄは検索エンジンなので、直接投稿された求人以外にも、さまざまな求人サイト、メディア、各企業の採用サイトを巡回し、求人情報と思われるページを自動的にピックアップして、検索結果として表示します。

求職者にとってみれば、限られた情報のみが掲載されている求人サイトを見るよりも、Ｉｎｄｅｅｄで検索したほうが、たくさんの求人を見比べて自分に合ったものを見つけられるというメリットがあるわけです。

またそれだけ便利なシステムなので、Ｉｎｄｅｅｄ自体がＧｏｏｇｌｅ検索にもとても強く、ＧｏｏｇｌｅやＹａｈｏｏ！で求人を検索すると、まずＩｎｄｅｅｄのページが表示されるケースが非常に増えています。そのように考えると、自社の採用サイトをつくるときにおいても、「Ｉｎｄｅｅｄに掲載される」ことが必須条件であると言えます。

Indeedの検索結果画面には、有料枠と無料枠があります。有料枠は1ページあたり4〜6枠が表示され、無料枠よりも目立つ位置に配置されます（小さく「スポンサー」と記載されています）。GoogleやYahoo!の検索広告と同じ仕組みで、1クリックあたりの単価を高く設定すると、より上位に表示させることができます。また、有料枠よりは下位表示になりますが、無料枠ではすべての採用サイトに掲載のチャンスがあります。1ページあたり最大10枠が表示され、掲載順位はランダム表示です。

検索エンジンからの流入経路

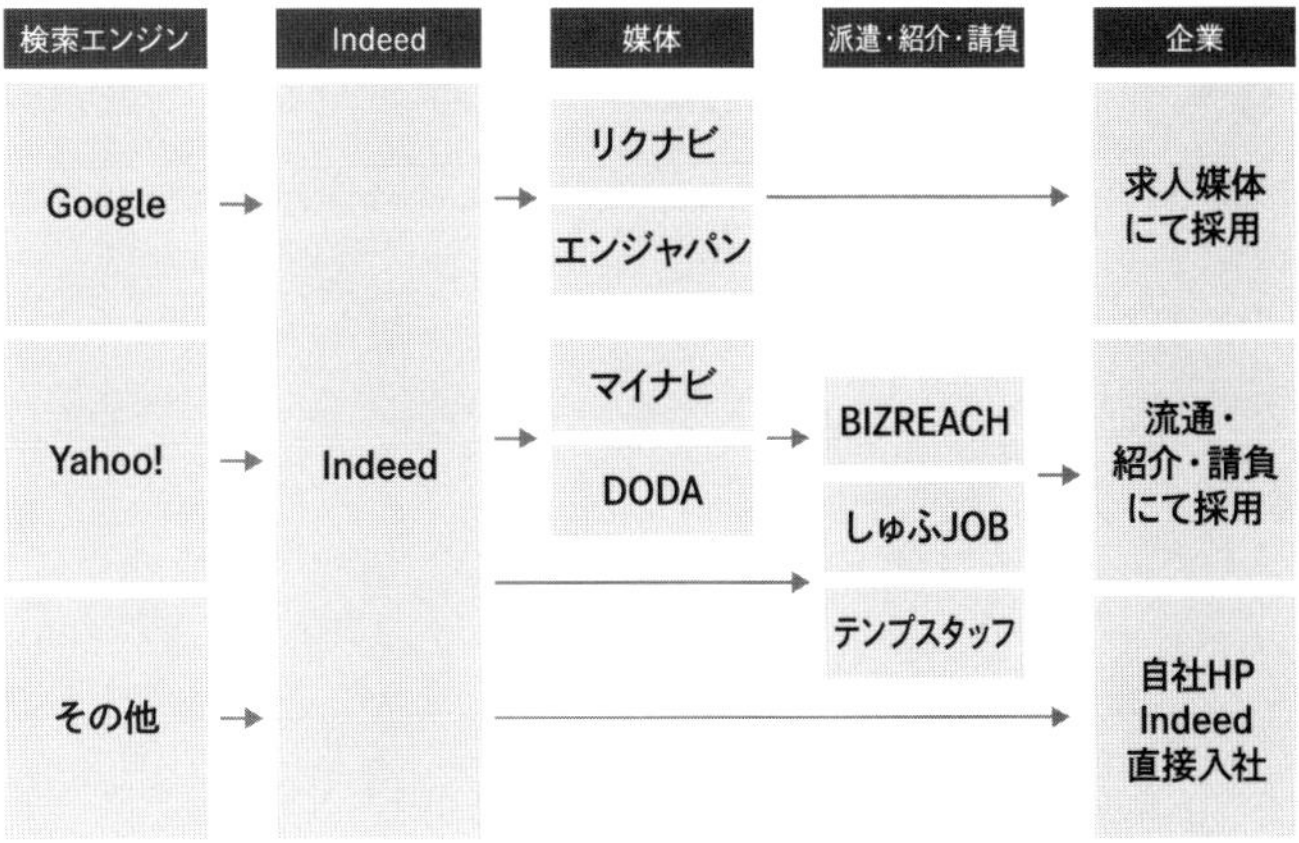

Ｉｎｄｅｅｄに自社の採用サイトの求人が無料で表示されるためには、まずＩｎｄｅｅｄに自社のサイトの存在に気づいてもらわなくてはいけません。

検索エンジン内のロボットが一つひとつのサイトを巡回して情報を収集しているのですが、これを「クロール」と言います。自社のサイトがクロールされることで、検索結果に表示されるようになります。Ｉｎｄｅｅｄはロボットがクロールし、検索結果に自動表示するための条件を明示しています。

【Ｉｎｄｅｅｄクローリング掲載の条件】

（２０２３年1月現在　Ｉｎｄｅｅｄホームページより）

①自社サイトに求人ページがある

原則として、他社求人サイトに掲載している求人情報はクローリングされません（例外あり）。

②ＨＴＭＬ形式でつくられている

ロボットが読み込むのは、求人情報のテキスト（文字情報）です。ＰＤＦや画像を使って求人情報を掲載している場合、クローリングの対象となりません。

③ 応募方法が明記されている

「履歴書を郵送」「電話をください」「応募フォームはこちら」など、求人情報内に、どのように応募をするべきかの情報を記載する必要があります。また、クローリングの対象となるのは同じサイト内で応募が完了するページです。「応募フォームはこちら」というボタンをクリックして別のページの応募フォームに遷移する場合は対象外となるので、同一サイト内で完結するように設計します。

④ 仕事内容、勤務地、条件などがしっかり記載されている

仕事内容、雇用形態、給与、勤務時間・曜日、休日、勤務地、最寄駅等の情報が記載されていることが、クローリング条件となります。職種名が本文中に明記されているか、勤務地が市区町村レベルまで示されているか、業務内容が詳細まで明らかになっているかまで、細かく見られます。

⑤ 求人ごとにＵＲＬが指定されている

Ｉｎｄｅｅｄでは「１職種×１勤務地」ごとに独立したページで求人を記載することを求めています。職種ごとに独立したページをつくることで、Ｉｎｄｅｅｄ上に表示される際にも、それぞれ別の求人情報として扱われます。

【ＯＫ例】
勤務地：東京都○○区××１丁目１－１△△ビル２Ｆ　**↑勤務地が１つ**
職種：不動産の営業　**↑職種も１つ**

【ＮＧ例】
勤務地：東京本社、大阪営業所、福岡店舗
職種：①営業職　②経理　③販売スタッフ

これらの条件を満たすことで、Ｉｎｄｅｅｄに自社採用サイトの求人情報が掲載される可能性が大幅に高まります。

データを収集し、結果を考察できる体制をつくる

さて、1章でお伝えした、中小企業のためのブランディングのステップを憶えていますか？　中小企業の場合は、コンセプト設計やデザインの統一はあとまわしにして、大企業とは逆をやればいい、とお伝えしました。

①ペルソナ設定
②定量結果の考察
③ブランド認知の獲得
④提供価値の定義
⑤デザインの統一
⑥コンセプトの設計

本章では、②の定量結果の考察について具体的に解説していきます。

そもそもなぜ定量結果の考察が重要かと言うと、データを収集し、比較・分析・検証しなければ、結局のところ、採用活動がうまくいっているのかどうかを測ることができないからです。また、最終的な採用人数の目標を掲げることができても、そのプロセスにおける細かな目標設定も、データを収集し考察できる体制がなければできません。

採用プロセスは大きく次のステップに分かれます。

ステップ① オファー・スカウト
ステップ② 説明会参加
ステップ③ 一次選考参加
ステップ④ 最終選考参加
ステップ⑤ 内定出し

実際に説明会に何人来てくれて、そこから何パーセントの人が一次選考まで進んだか。そういった数字は参加者の数を見れば比較的容易に出すことができます。数字が見えれば、「説明会から一次選考へ進む人が少ないので、説明会の内容を改善しよう」など、問題を見つけ、改善のための方法を検討することができます。

しかしステップ①～⑤はあくまでも認知を獲得したあとの話です。実際には、それ以前の段階（ここでは便宜上、ステップ⓪と呼びます）で、多くの人が離脱してしまっています。ただ、ステップ⓪は目に見えないため、そこで離脱してしまった人々の数や行動は把握しづらいと考えられていました。

しかしＳＮＳや自社の採用サイトを活用することで、認知獲得以前のデータについても収集が容易になりました。リアルタイムでデータを収集し、分析することができるようになったことでＰＤＣＡサイクルを素早くまわし、すぐに改善することができるようになりました。

分析ツールの基本を押さえる

ありがたいことにウェブサイトのアクセス数やSNSの反応率など、さまざまなデータを集計・分析するツールが、Google社や各SNSから無料で提供されています。有料の分析ツールもいろいろありますが、まずは公式の無料ツールで十分です。

自社の採用サイトには、まず「Googleアナリティクス」を設置してください。なお、Googleアナリティクスは、2023年7月1日に従来のバージョン「UA（ユニバーサルアナリティクス）」の計測停止が発表されています。これまでGoogleアナリティクスを使用していたサイトも、最新版の「GA4」への切り替えが必須です。

また、どのような検索ワードで自社のサイトに流入してきたかを調べたい場合には、同じくGoogleが提供している**「サーチコンソール」を有効にします。**

さらに、FacebookやTwitterなど各種SNSにも、独自の分析ツールが備わっています。これまでSNSやホームページの解析をやっていなかった、あるいは制作会社や運営代行の会社に丸投げしていて、自分たちではほとんどデータを把握していなかったという方は、まずは一度、自分の目で確かめてみてください。

初めて分析ツールを見ると、カタカナが多くてわかりづらく感じるかもしれませんが、覚えてしまえば簡単です。ここで、頻出用語のみ、簡単に解説しておきます。

- **セッション数**…セッションとは、ウェブサイトの集客数です。一度で何ページ見たとしても、1訪問は1セッションです。
- **PV（ページビュー）数**…PV数はセッション数と混同されやすいですが、文字通りページが閲覧された回数です。例えば「会社説明会ページ」→「会社紹介」→「応募フォーム」とページを遷移した場合は「1セッション、3PV」となります。

・コンバージョン…サイトに訪問した人が、会社説明会やインターンシップに申し込む、エントリーするなど、目標として設定しているアクションを起こしてくれることを言います。何をコンバージョンとするかは自由に設定可能です。

ここで、実際に弊社のリクルートサイト（新卒）のデータを公開します。左ページ上の各月左側の濃い色のグラフが2022年、薄い色が2021年です。グラフを見ると月ごとの数値に大きなばらつきがあるのがわかると思います。学生が就職活動に熱心な2～4月はセッションが増え、逆に9月以降は随分落ち着いています。8月にグッとセッションが増えているのは、麻雀採用（5章参照）の告知をしたからです。

また、下のグラフ、コンバージョン（会社説明会やイベントへの参加。このグラフには麻雀採用への申し込みは含まれていない）率の推移もよくわかります。夏休みごろから少しずつ行動をはじめ、2～3月にピークを迎えます。1月は大学の試験期間中のため、学生の行動がまだ鈍い時期です。

SUMUSリクルートサイトの集計結果

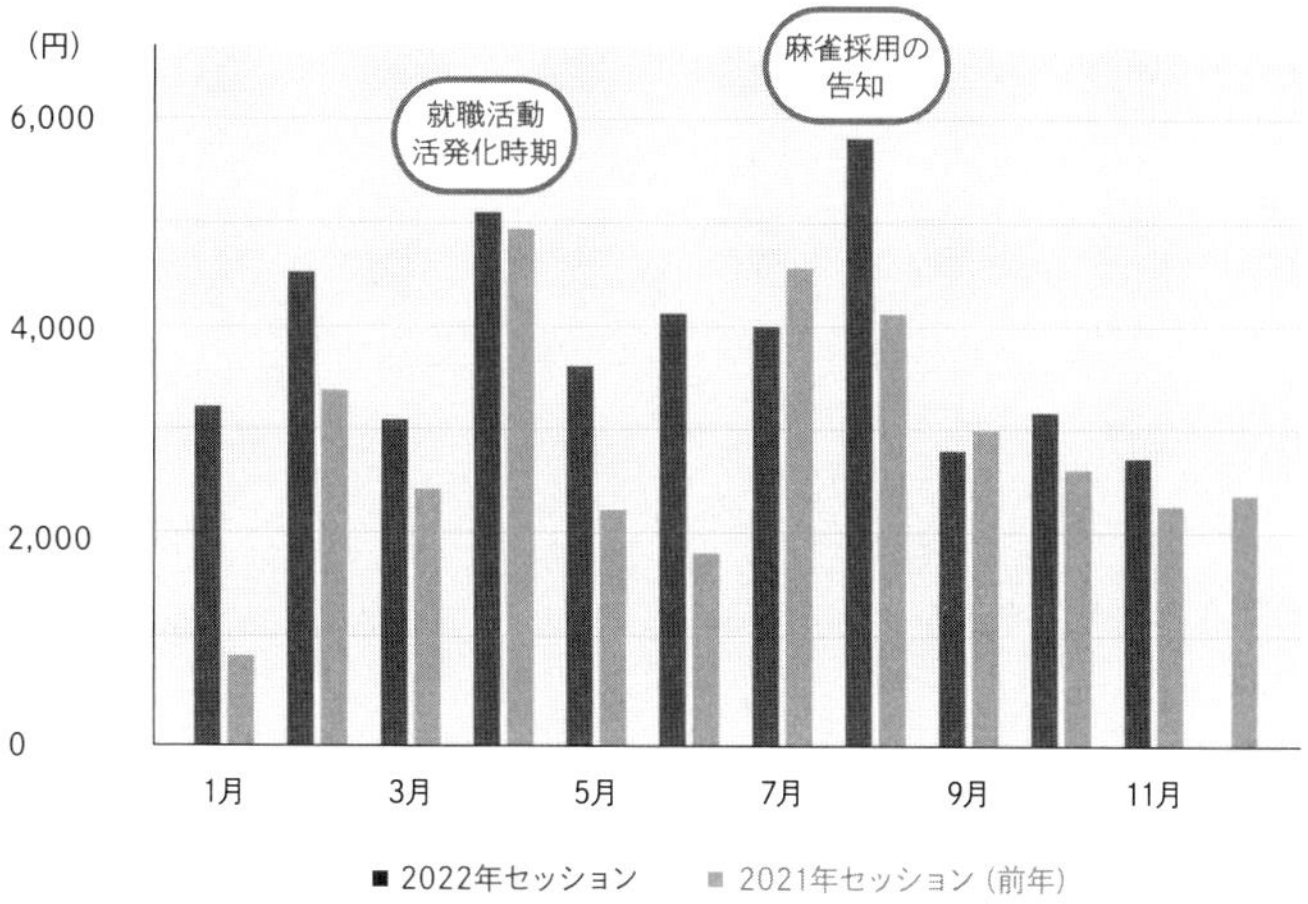

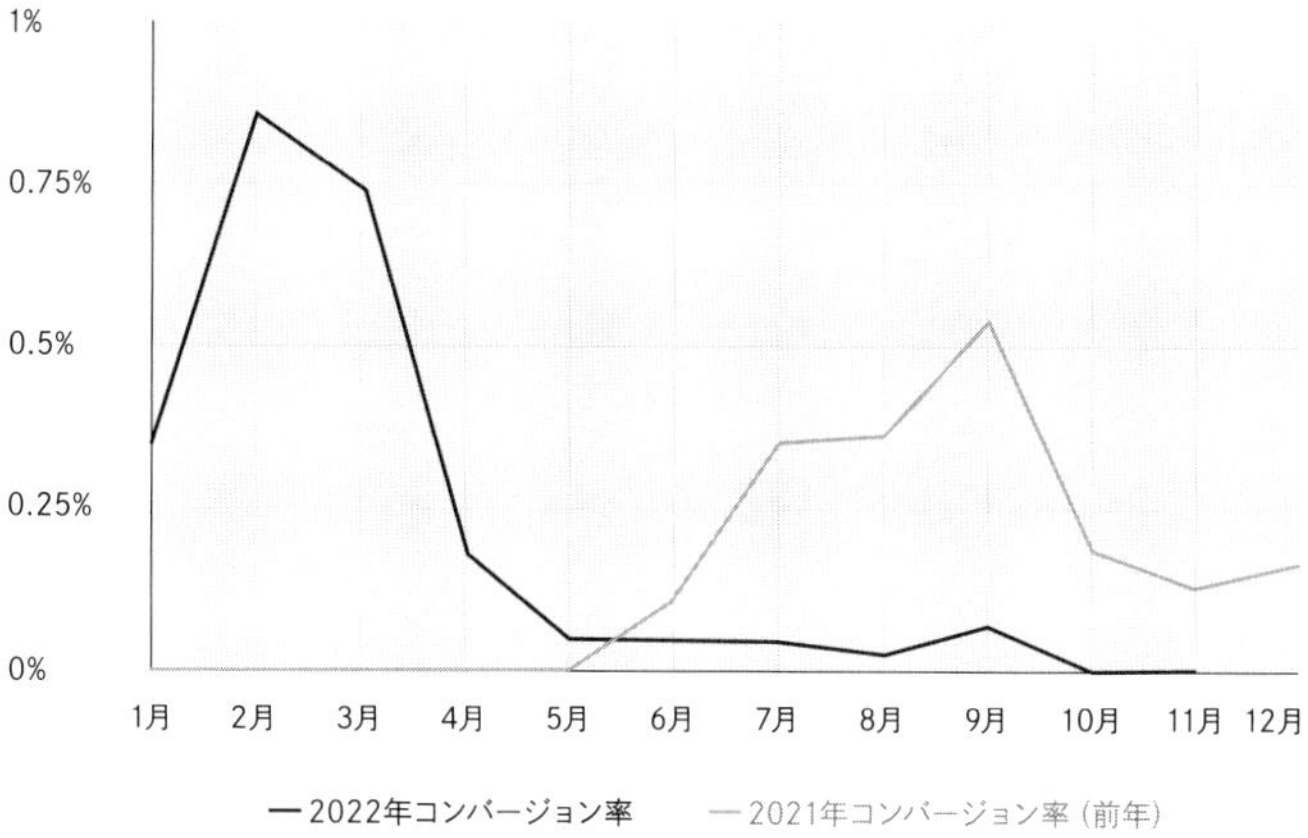

採用サイトの実力を評価する

さて、ここからは、実際に採用サイトにおいて、どのようにデータを見ているかを解説します。

まず事前に、サイトに訪問してから応募するまでのシナリオを設計し、実際のデータを見てそのシナリオがきちんと機能しているかどうかをチェックします。もしうまくいっていないのであれば、調整と分析を繰り返しましょう。

シーズン中のコンバージョン率（サイト訪問者のうち、会社説明会やインターンに応募した人の割合）は、1％を目標にしましょう。セッション数が月に4000あれば、最終応募者数は40くらい欲しいですね。

そこで重要になってくるのが、「ページの平均滞在時間」と「1セッションあたりの閲覧ページ数」です。ページ滞在時間の目安は2分。最低でも1分は見られていないと価値付けができていないと見なします。「応募前に、このページだけは読んでおいて欲しい」と思うようなページの平均滞在時間が短い場合には、ページ内容の改善を検討しましょう。

おおよそ1ページに掲載されている情報が1000文字を超えると、平均滞在時間は1分を超えます。ただ、文字だけをズラッと並べてしまうと、文章を読み慣れていない若い人はあっと言う間に離脱してしまいます。そこで約300文字に1点のペースで画像を挿入するようにします。

弊社の「先輩社員の声」ページは、1人あたり3000文字近く掲載していますが、飽きられないようにこうした工夫を施すことで、3〜4分かけて読まれています。ページごとに「どれくらいクリックされたか」「何人に読まれたか」「何分読まれたか」などのデータも詳しく出すことができるので、最も人気のページが最も目立つ場所に配置されるように、データを見ながら日々改善しています。なお、先輩社員の声が3～4分かけて読まれているのに対し、私の「代表メッセージ」はわずか30秒しか読まれていないという厳しい現実もこのデータから読み取れます。要改善です。

次に、「1セッションあたりの閲覧ページ数」ですが、これは一度サイトを訪問した際に、何ページくらいの情報を見ているかを把握するために調べます。採用ではない一般的なサイトであれば平均で5ページ以上が理想だと言われています。採用サイトの場合は、2～3ページで完結するケースも少なくありません。

サイトに訪れる前、つまり広告のバナーなどで動機付けができていれば、あとは詳細を読んで（募集ページ）、応募するだけ（応募フォーム）だからです。応募がしっかり来ているのであれば、閲覧ページ数が少ないことをそれほど気にする必要はありません。ただし、応募が来ていない場合は、サイト内の人気ページ、応募に寄与する確率が高いページを探し、そこにより多くの人が通るように導線設計を見直します。

次に、離脱率です。離脱率とはそのページを見たあとにブラウザの×ボタンを押したり、他のサイトに移動したり、セッションを終えてしまった割合です。

SUMUS リクルートサイトの集客分析

2022年8月

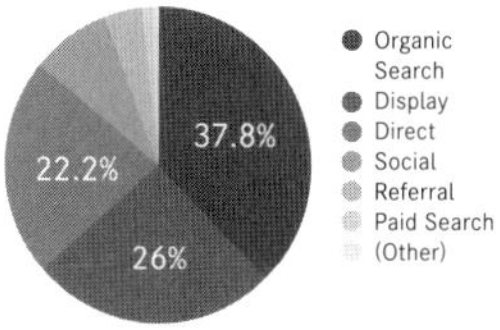

チャネル	セッション	目標の完...	CV率
1.Organic ...	2201	0	0%
2.Display	1,515	0	0%
3.Direct	1,293	1	0.08%
4.Social	489	0	0%
5.Referral	243	1	0.41%
6.Paid Sea...	68	0	0%

チャネル	セッション	平均ペー...	離脱率
第3回SUMUS麻雀就活 23·24年卒新卒採用イベント	3,135	00:05:22	83.05%
類人猿診断2／それぞれのタイプの特徴を詳しく見てみよ...	1,720	00:05:10	65.52%
経営コンサルタント採用2023 ｜経営コンサルティング会社...	282	00:04:59	33.33%
適材適所のチーム編成を実現する類人猿診断とは｜経営コ...	215	00:04:44	96.55%
なぜコンサルティングファームは就活生に人気があるのか?...	79	00:03:51	74.5%
代表メッセージ｜経営コンサルタント採用22卒｜SUMUS(...	73	00:03:13	88.89%
募集要項と採用フロー｜経営コンサルタント採用22卒｜SU...	35	00:03:02	35%

2022年11月

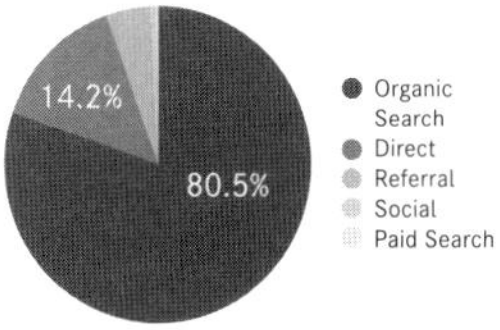

チャネル	セッション	目標の完...	CV率
1.Organic ...	2,434	0	0%
2.Direct	429	0	0%
3.Referral	144	0	0%
4.Social	15	0	0%
5.Paid Sea...	2	0	0%

チャネル	セッション	平均ペー...	離脱率
類人猿診断2／それぞれのタイプの特徴を詳しく見てみよ...	2,198	00:04:31	81.82%
適材適所のチーム編成を実現する類人猿診断とは｜経営...	254	00:02:10	72.68%
経営コンサルタント採用2023 ｜経営コンサルティング会...	118	00:01:05	33.19%
代表メッセージ｜経営コンサルタント採用22卒｜SUMUS...	86	00:00:37	54.35%
なぜコンサルティングファームは就活生に人気があるのか?...	83	00:04:43	83.00%
第3回SUMUS麻雀就活 23·24年卒新卒採用イベント	53	00:05:41	85.00%
「上司に答えを求めるな！会社に正解はない」田端信太郎さ...	19	00:00:29	90.48%

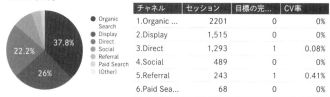

離脱率もページごとに確認できます。応募完了後のページなど、すでに役目を終えたページの離脱率が高いことは問題ありませんが、例えばコラムページや募集要項ページなど、これから応募しようとしている人に向けて掲載されているページで離脱率が45%を超える場合は、要改善です。人気のページへのリンクをつけるなど、より深く会社のことを知ってもらえるように提示する情報を見直しましょう。

SUMUSのリクルートサイトで、今最もセッション数が多いのは、類人猿診断を紹介しているページですが、離脱率

コンバージョンまでのステップ

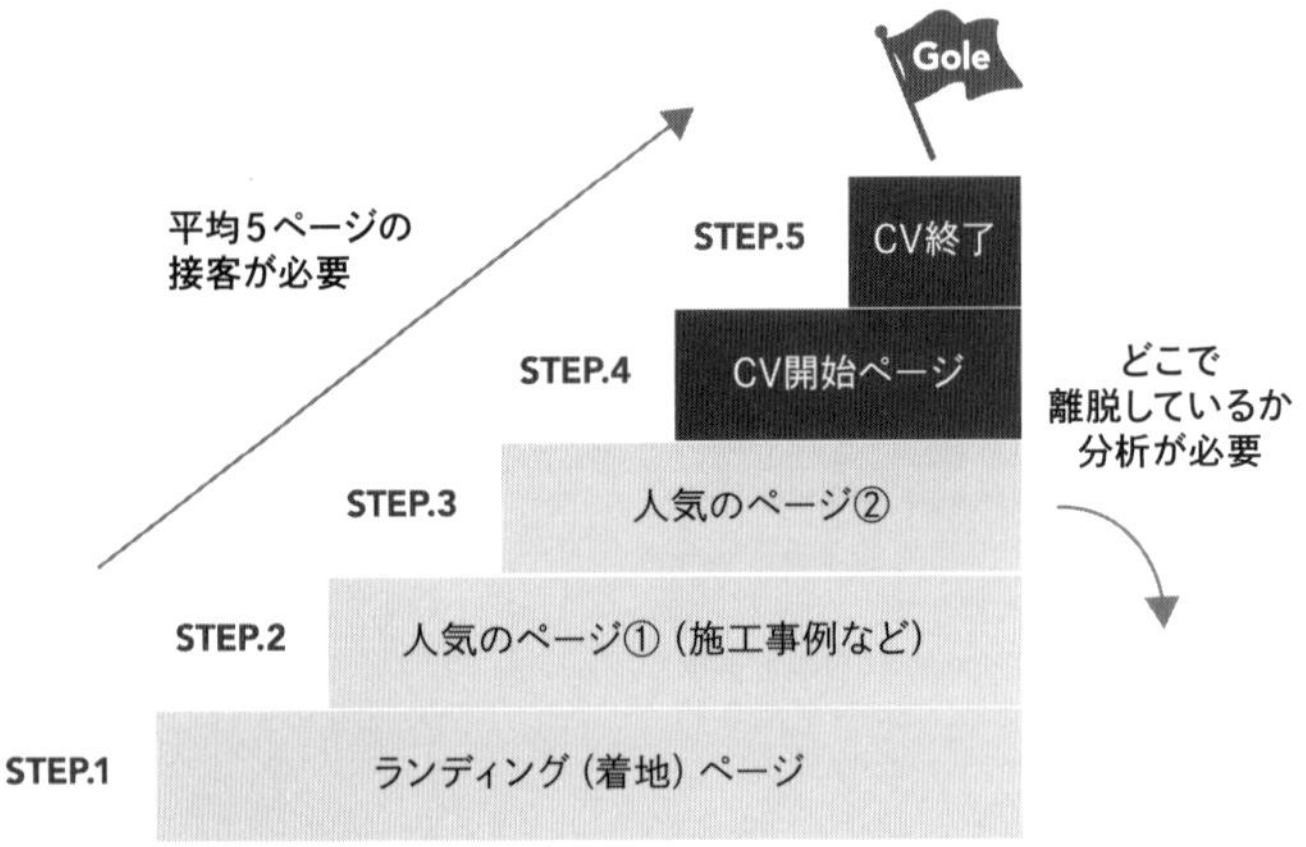

が80％を超えてしまっています。ここから、応募につながるような導線を設計し直しているところです。

最後に、セッションの流入内訳です。どのような経緯で採用サイトまで来てくれたのかがわかります。①〜⑥の各流入経路が円グラフで表示されますが、私はなるべくこのグラフがひとつに偏らないように意識しています。

①Display：ディスプレイ広告（バナー広告）
②Organic：自然検索
③Direct：直接流入（お気に入り、メールのリンク、ＬＩＮＥアプリなど）
④Social：ＴｗｉｔｔｅｒやＦａｃｅｂｏｏｋなどのＳＮＳ
⑤Referral：他サイトからのリンク
⑥Paid Search：リスティング広告
※ＵＲＬパラメーターという変数の設定次第で、例えばＳＮＳからの流入が広告からの流入として集計されることもあります。

広告に頼らずに集客をしたいと考えるときには②〜⑤の流入を強化する方法を考えます。例えば②の Organic（自然検索）は、採用サイトにコラムやブログなどのコンテンツを追加することで増えていきます。

１６１ページには２０２２年の8月と11月のデータを並べています。11月は広告の配信をしていないので、グラフの形がすっかり変わっています。

大切なのは、サイトに訪問した人が応募するまでのシナリオを描き、実際のデータを見ながらそのシナリオ通りに動いてくれているかをチェックし、調整を続けることです。

4章

広告代理店が絶対に語らないSNS広告術

Instagramだけで1000人の応募がきた

私が日ごろコンサルタントとして働く中で、大切にしていることがあります。それは、「自社で実際にやったことしか、お客様に提案しないこと」です。まずは自社を実験台として試し、その結果を踏まえてお客様に提案することで、より成果を出せると考えているからです。もちろん本書に書いている内容も、すべて自社で効果検証しています。

採用にSNSを活用することの手応えを感じたのも、やはり自社での実験の結果でした。今から3年前。当時はまだ社員数20名（現在は50名まで増えました）にも満たない中、初めて採用にInstagram広告を導入しました。

結果はと言うと……。

- 応募数　1000名以上
- 説明会参加　400名以上
- 最終採用者数　5名

これは、Instagramを活用しただけで生まれた成果です。最終的に採用した5名も、あらかじめ社風や会社のイメージを抱いた状態で応募してきているため、応募当初から志望度が高く、価値観への共感が強いことも印象的でした。

広告を配信しているため、もちろんそのコストはかかっていますが、ナビサイトの掲載費と比べると1人あたりの集客コストは雲泥の差です。また、どのタイミングでどれくらいの広告費をかけるかまで自社でコントロールが可能なため、限られた予算を効果的に使うことができました。

Instagramを使ってみようと思ったきっかけは、2020年の新型コロナウイルスによるパンデミックでした。1月ごろから海外の不穏な動きがあり、日本国内でも緊急事態宣言が発令されました。そのタイミングで使っていたのは「ナビサイト」と「スカウト媒体」のみ。私は直感的に「この2つだけだと危険だな」と感じました。

Instagram広告はもともとコンサルティングの支援先で、集客や販売のためのツールとして活用していました。そこでそのノウハウをそのまま採用に転用して試してみたのですが、まさかここまでの結果が出るとは私自身も驚きました。

その後はお客様にも積極的に「採用にもSNS広告を使いましょう」と提案し、同様の成果を出すことができています。

とは言え、ただ広告を出すだけで人が採用できるのであれば、世の中の採用コンサルタントも広告代理店も商売あがったりです。もちろんそこには、広告費を極小化しながら最大の効果を出すためのノウハウがあります。

次の項から、SNS広告を成功させるための「4つの要因」の精度を上げていく重要性をお伝えしていきます。

ＳＮＳ広告の成功法則①
写真の品質・選定

言わずもがなですが、ＳＮＳにおいて、写真は極めて重要な要素のひとつです。高品質・高画質であるのはもちろんのこと、社風がイメージしやすいものがより有効です。前章でも書きましたが、日ごろからたくさん撮影するようにしておきましょう。

用意した写真を使い、各媒体の既定のサイズに合わせてバナー画像をデザインします。ここで大切なのが、**見た人の頭の中に一瞬でイメージを植えつけること**です。皆さん、ご自身の経験からもわかると思いますが、広告をわざわざじっくり読む人はまずいません。日々たくさんの情報が流れ込んでくる私たちの脳は、本人が自覚さえしないうちに、いる情報といらない情報を選別し、「いらない」と判断されれば、もう二度と記憶に上ってくることはありません。その判断にかかる時間は０・１秒とも言われています。そのたった0・1秒で「この情報は見る価値がある」と知覚されるようなバナー画像をつくる必要があります。

ＳＮＳ広告のバナーは、デザインの秀逸さや美しさと結果が必ずしも比例しません。求められるのは、相手の心に刺さるかどうかです。

以前、鳥取県のある会社の採用支援を行なった際に、とても面白いテスト結果が出ました。新卒採用の広告を出すにあたり、バナーを2パターン用意してテスト配信を行ないました。パターンAは「キラキラタイプ」。あかぬけて、見るからに仕事ができそうな美男美女の写真を使いました。パターンBは「リアルタイプ」。言い方が難しいですが、こちらの広告にはまだあどけなさが残る田舎っぽいモデルさんの写真を使いました。さて、このABテスト。配信結果がよかったのはどちらでしょうか？

話の展開からなんとなく予想されていると思いますが、そう、反応率がよかったのはBタイプだったのです。

このテスト結果はとても興味深いと私は思いました。「インスタ映え」などという言葉もあるように、SNSという場所は自分をよりよく見せたいという欲が煮詰まっているような場所ですが、実際に行動を起こすきっかけとなるのは、現実離れした映え写真とは限らないという結果だったからです。学生たちは、憧れを凝縮したようなキラキラした写真ではなく、より現実味のある写真に心を動かされたのです。これは、Bタイプのほうが学生たちの頭の中により鮮明な未来イメージを残せたからではないかと考えています。

Instagramは「オシャレなSNS」というイメージが強い媒体ですが、それはあくまでもブームの最初のころの話です。今ではすっかり大衆化しており、普通の人が普通に使うSNSになっています。今の自分や周囲とは明らかに一致しないAタイプの写真は、学生たちの記憶にも印象にも残らなかったのかもしれません。

どんな写真が最も効果的なのか――。ある程度の仮説は立てられるものの、本当のところは配信してみなければわかりません。少額でABテストを繰り返しながらブラッシュアップしていくのがよいでしょう。

ＳＮＳ広告の成功法則②
配信ターゲットの設定

ＩｎｓｔａｇｒａｍをはじめとしたＳＮＳ広告の大きな強みが、配信先を細かく指定でき、ピンポイントの訴求ができることです。２章でターゲットやペルソナ設定の重要性についてお伝えしましたが、まさにその人たちだけに向けて広告を打てるのです。

- 関係のない人に広告が表示されないため、不要なコストがかからない
- 万人に好かれる必要がないため、攻めた写真やキャッチコピーが使える
- いくつでも広告を設定できるため、配信ターゲット別に、それぞれに最も刺さる広告を配信できる

このように、ピンポイントの広告配信ができることで、無駄なく効果的に集客が可能です。また採用ターゲットから軸をずらさない限り、配信ターゲットを複数設定することもできます。

ＳＮＳ広告の成功法則③
広告媒体の設定

配信ターゲットが決まったら、そのターゲットに合わせて広告の配信先を決定します。今や日本におけるＳＮＳ利用者数は78％を超えると言われており、幅広い年代に普及しています。ただし、その利用傾向は媒体によって大きく異なります。

当たり前ですが、広告は**ターゲットが見る可能性が高い媒体に出さなければ意味がありません。**そんなこと言われなくてもわかっていると言いたくなるような話ですが、実際には「自分はＦａｃｅｂｏｏｋばかりだからと、学生向けの広告もＦａｃｅｂｏｏｋに出す」「最近ＴｉｋＴｏｋが流行っているらしいという噂を聞きつけて、社員を躍らせる」など、経営者や採用担当者の感覚任せで媒体が選ばれている現状があります。ここでは媒体ごとの特徴を簡単にご紹介します。

●Twitter

Twitterは、**今起きていることをすぐに発信・収集できるリアルタイム性**が特徴です。リツイート機能による拡散性が高く、フォロワーが少ないユーザーでもバズる可能性が十分に見込める媒体でもあります（「バズる」とは、短期間に爆発的に話題が広がり、注目を集めること）。

1つの投稿に対して140字まで、画像は4つまでつけられます。日本での月間アクティブ数は4500万人（2017年時点）。総務省の調査によると、年齢別の利用率は10〜30代が最も高く、10代で67・4％、20代で78・6％、30代で57・

各SNSのユーザー数と特徴

	国内月間アクティブユーザー	ユーザー層	特徴
LINE	9,300万	全世代が利用 幅広い	・インフラ化したメッセージツール ・プッシュ通知を使った情報発信 ・LINE APIを使った自社サービス連携
YouTube	6,900万	年齢性別問わず 幅広い	・動画中心のため、長尺動画も伸びやすい ・コロナ禍で40代以上の利用増 ・SEO（検索エンジン最適化）に強い
Twitter	4,500万	20代が多い 平均年齢は36歳	・リアルタイム性と情報拡散力 ・興味関心でつながる ・短文のコミュニケーション
Instagram	3,300万	10代と20代で 半数以上を占める	・雑誌感覚・ビジュアル訴求 ・フィードとストーリーズの使い分け ・日本はハッシュタグからの流入が多い
Facebook	2,600万	登録者数は 20代と30代が多い	・実名性が高くリアルなつながりを反映 ・ビジネスシーンでの活用 ・コンテンツの自由度が高い
TikTok	950万	10代と20代で 半数以上を占める	・さくっと見られる短尺動画中心 ・豊富な動画編集機能

出典：株式会社コムニコ「WE LOVE SOCIAL」より　※2022年12月時点

9%の人が利用しています。

Twitterはバズりやすい反面、炎上しやすいSNSであるとも言えます。また私の肌感覚ですが、Twitterで情報収集している学生は、**情報感度が高く、自社だけでなく他社の情報もしっかり見ており、いつもアクティブに動きまわっています。**そのせいか、Twitterで集客すると、食いつきはよいですが、浮気されやすいように感じます。

●Instagram

画像を投稿するSNSとして2010年にリリースされたInstagramは、今や画像だけでなく、「リール」という短い動画の投稿も盛んです。日本での国内アクティブアカウント数は3300万、年代別の利用率では10~40代までで、いずれも50%以上利用されています。10代72・3%、20代78・6%、30代57・1%、40代50・3%となっています。

SNSの利用状況（個人）

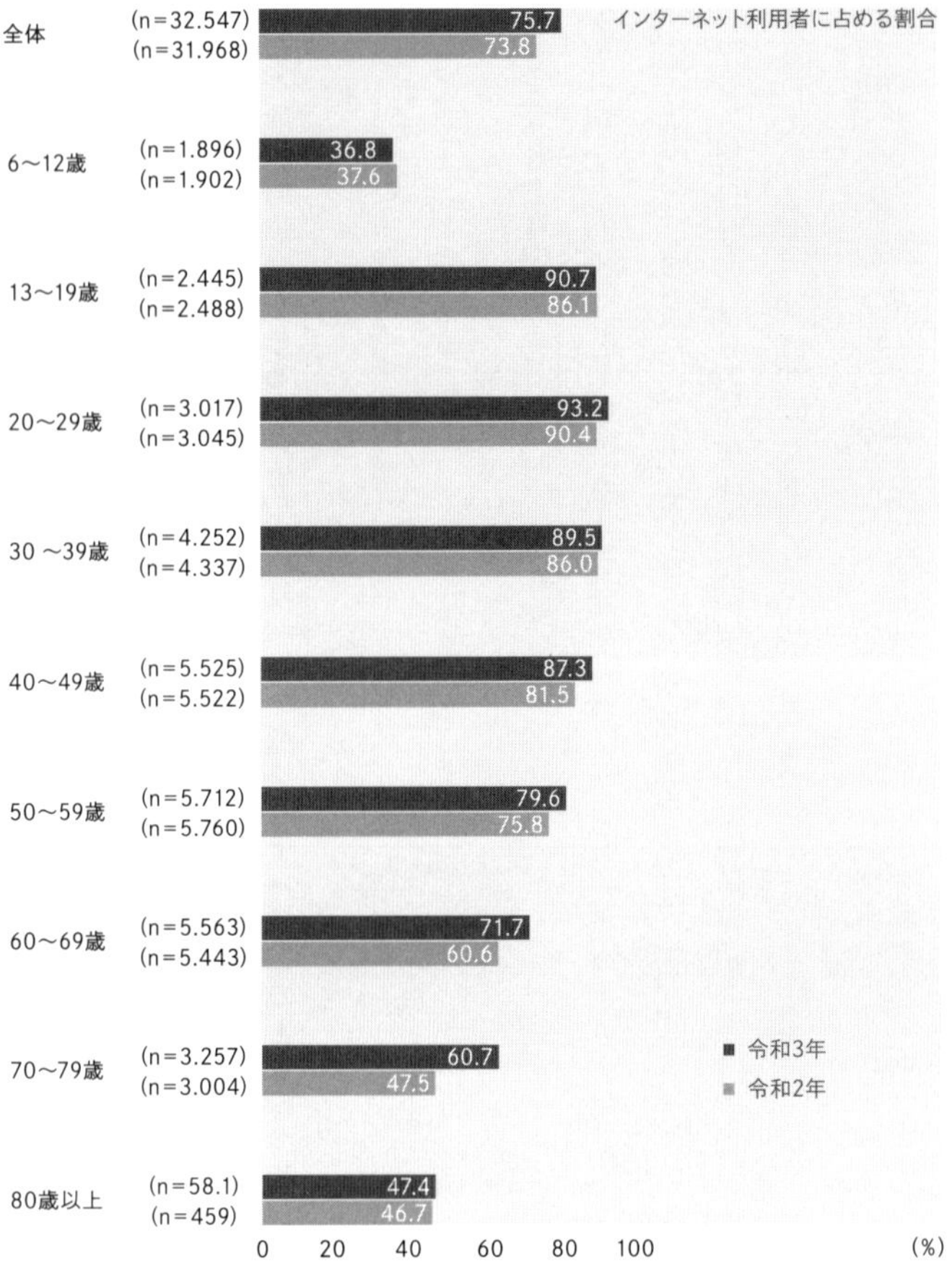

出典：総務省「令和3年度 情報通信メディアの利用時間と情報行動に関する調査」

写真を投稿するという性質上、**アカウントごとに世界観が色濃く表現**されており、採用のためのツールとしても社風をわかりやすく見せることができるのも特徴です。逆に言えば、Ｉｎｓｔａｇｒａｍでどのような写真を見せるかで、その会社のイメージが決まってしまうとも言えるので、載せる画像は丁寧に検討する必要があります。

●Ｆａｃｅｂｏｏｋ

実名登録のＳＮＳで、同級生や同僚などリアルでコミュニケーションを取ったことがある人とつながる場合が多く、リアルな人間関係がよく見えます。

投稿は長文も可能で、文字でも画像でも自分の好きなように投稿することができます。全世界で利用されており、世界の月間アクティブユーザー数は29億５０００万人、日本国内では２６００万人とされています。年齢別の利用率では30代が最も多く、45・７％、次に40代の41・４％、20代で35・３％です。

Ｆａｃｅｂｏｏｋは実名登録で、原則として１人につきアカウントはひとつです。メッセンジャーによる連絡ツールとしての利用も盛んです。20代では35・３％の利用率がありますが、実際に20代の人に話を聞くと「メッセンジャーのためにアカウントをつくっているだけ」という答えが返ってきます。これも私の肌感覚ですが、熱心に投稿しているのは40代以上だと見受けられます。広告配信の結果を見ても最も反応が高いのは40代以上です。

なお、FacebookとInstagramはどちらもメタ・プラットフォームズ（旧Facebook）が運営していますので、広告配信はひとつのプラットフォームから可能です。

●YouTube

皆さんご存じの動画共有プラットフォームです。自分で動画を制作してアップロードすることも、人がアップロードした動画を楽しむこともできます。国内での月間アクティブユーザー数は６９００万人以上とされており、**10～60代のいずれの世代でも利用率が驚異の90%を超え**となっています。

ＹｏｕＴｕｂｅは無料で利用できますが、**かなりのしつこさで広告動画が表示されます。**そのため、特に経営者層の人は有料課金をして広告を非表示にしている人が大半です。一方で、20代の学生でそうする人は希少です。もしあなたが有料会員で、自分には広告が表示されていなくても、採用ターゲット層である20代には見られているという感覚は持っておきましょう。動画広告だけでなく、静止状態のバナー広告の出稿も可能です。

●note

ｎｏｔｅはブログと捉えていただくとわかりやすいでしょう。従来のブログサイトとの違いはクリエイター目線でつくられているということです。販売や定期購読などの仕組みが備わっており、発信者の活動を支援したいという媒体の意志を感じます。月間アクティブアカウント数は６３００万人です。

ｎｏｔｅでは広告配信はできません。ただし、文章を通して会社の考え方や、社長の想いなどを発信するには有効なツールです。私もまちづくりに関する考察をｎｏｔｅで配信し、ありがたいことに各所からさまざまな反響をいただいています。

小林大輔―#まち上場で「幸せなまち」をつくる
https://note.com/sumus_kobayashi/

●TikTok

今、大きな盛り上がりを見せているＴｉｋＴｏｋは、15～60秒の短尺動画が中心のＳＮＳです。アプリ内で好きな音楽をつけて動画を編集することが可能で、ダンス系の動画が特に人気です。

アルゴリズムが独特で、フォローしているしていないにかかわらず、次から次に動画が流れてきて、埋没しやすいのも特徴です。正確なユーザー数情報は公表されていませんが、特に若い世代の支持を集めています。

●LINE

日本国内で圧倒的な利用率を誇るのがＬＩＮＥです。国内の月間アクティブユーザー数は9300万人を超え、日本の人口の70％以上をカバーしている計算です。年齢、性別、職業を問わず幅広い人にリーチできるのが特徴です。

企業によるLINE活用と言えば、**公式のアカウント**を作成し、お客様とコミュニケーションを取る（予約やクーポンの配布など）という方法が多く使われていますが、他のSNSと同様にバナー広告を配信することも可能です。**LINEのタイムラインやLINE NEWS、LINE マンガなど、LINEアプリ内のさまざまな画面に自社の広告を表示する**ことができます。

SNS広告の成功法則④
配信の設定

ここから、具体的な配信設定方法をご紹介していきます。

採用のための広告と言っても、設定方法自体は集客や販売のための広告と同じです。SNS広告は、配信の設定次第で配信効率が大きく変わりますが、その細かいノウハウまではあまり表には出てきません。

一般的に広告代理店のビジネスモデルは手数料収入です。20％前後が相場で、例えば10万円分の広告を配信したら、その2割にあたる2万円が手数料となります。ノウハウが流出すると顧客は自身で広告の設定ができるようになり、広告代理店の売り上げ減少につながってしまうため、細かな設定方法については各社が企業秘密として抱えているのです。

基本的な配信設定に関する情報は、無料のウェブサイトでもたくさん出てきます。そのため、「エリアを絞る」「年齢・性別を絞る」といった基本的な設定は、これまでにSNS広告を出したことがある企業であれば、だいたいどこもやっているでしょう。しかし、これではまだ少し配信先が広すぎます。より効果的で効率的な配信をするために私は3つの機能を最大限活用しています。

●詳細オーディエンス

読んで字のごとく、**広告の配信先を細かく設定していきます。** 2章でターゲットからペルソナに絞り込んでいったように、カテゴリーを追加していきます。カテゴリーには実にさまざまな種類があります。ほんの一例ですが、次の通りです。

- 働いている業界
- 興味のあるスポーツ
- 海外在住経験
- 子どもの有無

ありとあらゆる角度から配信ターゲットを絞り込むことが可能です。もちろんそのためには、事前に配信ターゲットをペルソナレベルで定義しておくことが必要です。

普段私たちが利用者として何気なくSNSを使う中で、各社はその行動傾向を細かく分析し、その人の興味・関心や行動、ステータスなどの個人情報をデータとして保有しています。それが一般の人の目につくところで公開されることはありませんが、広告配信時のアルゴリズムとして大活用されています。

実際に自分で設定してみると、「そんなところまでバレてるの?」と言いたくなることもありますが、広告の配信者としてはありがたい機能です。なお、卒業学校名での指定は、以前はできたのですが、今はできなくなりました。

配信対象を絞る一番のメリットは、無駄なコストを使わずに済むことです。広告を刺さる人にだけ届けることで、数万円の予算でも結果を出すことができます。余談ですが、弊社はもともとコンサルティング会社ですので、初めから広告ノウハウを持っていたわけではありません。そのため最初は自社でさまざまな広告配信を試し、知見を蓄積していました。当初は失敗も多く、ターゲット設定については痛い思い出があります。広告の配信を開始し、「クリック単価がすごく安くなっています！」との報告に喜んでいたのも束の間……、実は配信先が「全世界」に設定されており、まったく関係のない人に広告が垂れ流されていたのです。配信先が広ければ、予算はあっと言う間に消化され、申し込みや応募につながる確率は極めて小さくなります。予算が無限にある場合を除き、ターゲットは細かく設定し、配信対象を絞り込みましょう。

●類似オーディエンス機能

過去に会社説明会やイベントなどに参加した人のリストを保有しているのであれば、類似オーディエンス機能を活用することを強くおすすめします。

類似オーディエンス機能とは、**メールアドレスや電話番号からＳＮＳアカウントを特定し、彼らと似た傾向を持つ人にだけ広告を配信する機能**です。ＦａｃｅｂｏｏｋやＩｎｓｔａｇｒａｍはアカウント作成時にメールアドレスで認証、ＬＩＮＥは電話番号で認証します。いずれも名前は不要で、アドレスか電話番号だけのリストがあれば大丈夫です。
だいたい200リストほどあるとかなり正確な配信ができますが、会社説明会で使ったメールアドレスとSNSに登録しているアドレスが異なる場合もあるので、余裕を持って300リストあると安心です。もちろん新卒採用だけでなく、中途採用での活用も十分できます。これまでにナビサイトを経由して応募してくれた人の中から、特に自社と相性がよかった人をピックアップしてリスト化しておくとよいでしょう。

これまで、参加者のリストをきちんと残していなかった、あるいは紙でしか保存していなかったという場合には、これを機会にぜひデータとして残すようにしてください。今すぐにリストが用意できない場合は、まず他の方法で進めながら、ある程度リストが貯まった段階で類似オーディエンスも導入してみましょう。

●マイクロコンバージョン

3章でお話しした「コンバージョン」という言葉の意味を覚えているでしょうか。実際に会社説明会への応募など、こちらが目標としている具体的な行動を起こしてもらうことでした。最終的にはこのコンバージョンを増やしていくことを目指すのですが、コンバージョン数が思うように伸びなかったり、改善に役立つデータが不足していたりすることもあります。そこで**最終的な目標地点を設定することで、いくつか小さな目標地点を設定します。マイクロコンバージョンを設定することで、中間地点までの成績を見ることができ、これまで把握できなかった課題が見つかる**こともあります。

例えば、「会社説明会に申し込む」を最終的なコンバージョンと設定した場合、マイクロコンバージョンには次のようなものが考えられます。

- 会社説明会のページにアクセスする
- 自社のサイトに3回以上繰り返し訪問する
- ページを2分以上見る
- 入力フォームへ遷移するボタンを押す

一度マイクロコンバージョンを設定したあとも、どういう導線が最も会社説明会への申し込みにつながるかを検証しながら、ブラッシュアップを重ねていきます。

ＳＮＳ広告を配信する上で、マイクロコンバージョンを設定する理由がもうひとつあります。それは、**マイクロコンバージョンを達成した人にだけ、広告を配信できる**ことです。

ＳＮＳ広告を配信する際には、「ピクセル」と呼ばれるコードを自社サイトの中に設置します。それにより、広告を見てサイト流入した人が、サイト内でどのように行動したかまでを、媒体側で検知できるようになります。あらかじめマイクロコンバージョンを設定しておけば、それに合致する行動を取った人に、目に見えない印がつくことになります。その印があることで、例えば「自社のサイトを3回以上訪れてくれた人にはこの広告」と、ピンポイントで配信ができるようになります。

ＳＮＳという誰もが使うプラットフォームの中でも、配信するメッセージは一人ひとりに合わせて最適なものを届けることができます。まさに「One to One」のセールスにより、コンバージョン率を向上させることができるのです。

「見た人」と「行動した人」の数を把握する

採用サイトでも、ＳＮＳ広告でも、その効果測定をするにあたり、最もシンプルで、最も重要な値は「見た人」と「行動した人」の数、およびその割合です。

広告を見る　↓　クリックする
サイトを見る　↓　応募する

このように、広告を配信してから最終的な説明会への応募までの導線は、「見る」と「行動する」の連続で成り立っているからです。

前章で自社の採用サイトの成績を評価するための指標として、「セッション数（集客数）」「ＰＶ数（ページ閲覧数）」「コンバージョン数（目標達成数）」をご紹介しました。広告の配信では次の指標に着目します。

インプレッション数…SNSやウェブ広告でよく出てくる言葉です。「表示回数」と捉えるとわかりやすいです。広告や投稿が表示された回数を指します。

ユーザー数…インプレッション数と混同されやすいですが、インプレッションが表示された回数を指すのに対し、ユーザー数は広告や投稿が表示された人数を指します。人によっては同じ投稿が何度も表示されることもありますので、ユーザー数はインプレッション数よりも必ず少なくなります。

クリック数（率）…名前の通り、広告がクリックされた回数（割合）です。自社サイトに誘導するタイプの広告の場合、クリック数が行動された回数となります。

広告の管理画面や代理店からのレポートを見ると、よく意味のわからないカタカナやアルファベットがたくさん並んでいてクラクラしてしまうことがあります。そんなときは「見た人」と「行動した人」、このシンプルな2つの指標にまず注目してください。単純な因数分解にすることで、ボトルネックになっているのはどこなのか、改善することでどのような結果が期待できるのか、といった仮説が立てやすくなります。

私たちは往々にして自分の感覚で物事を判断してしまおうとしがちです。特にマーケティングを重視していない会社の場合、広告配信の意思決定も担当者や社長の「好み」に左右されることが非常に多いものです。しかし**数字は嘘をつかない**ので、実際にテスト配信をしてみると、効果のある広告と効果のない広告には明確に差が出ます。

広告配信を意味のあるものにするためにも、自分の感情や感覚を一度切り離して、この2つの数字と向き合ってください。

魅力的な広告バナーのつくり方

1章から本章まで、求人広告で「誰に」「何を」「どうやって」伝えるかという考え方をお伝えしてきました。実際にSNSで広告配信をする際には、それらの要素を「広告バナー」の形に落とし込む必要があります。

バナーとは直訳すると、「旗」や「のぼり」という意味です。**インターネット用語としてのバナーとは、会社や商品を宣伝するための画像のことを指し、「看板」のような意味を持ちます。**

広告バナーとは文字通り、広告に使うためのバナー画像のことです。広告にはバナーを使わない文字だけの「テキスト広告」もありますが、私は基本的にバナー広告しか出していません。写真やイラストを使うことでより目を引き、具体的なイメージを持ってわかりやすく訴求することができるからです。

広告バナーを作成する際に、「とりあえずいい感じでつくっておいて」とデザイン会社や社内の担当者に丸投げするのは厳禁です。デザイナーはデザインのプロではありますが、マーケティングのプロではありません。

SNS広告において大切なのは、「きれいなデザイン」ではなく、「刺さるデザイン」です。誰に、何を、どのような意図で配信したいのか、キャッチコピーは何かまで、具体的に指示を出します。下図のような指示書を作成できるといいでしょう。

下図は、弊社で設計士を募集したとき

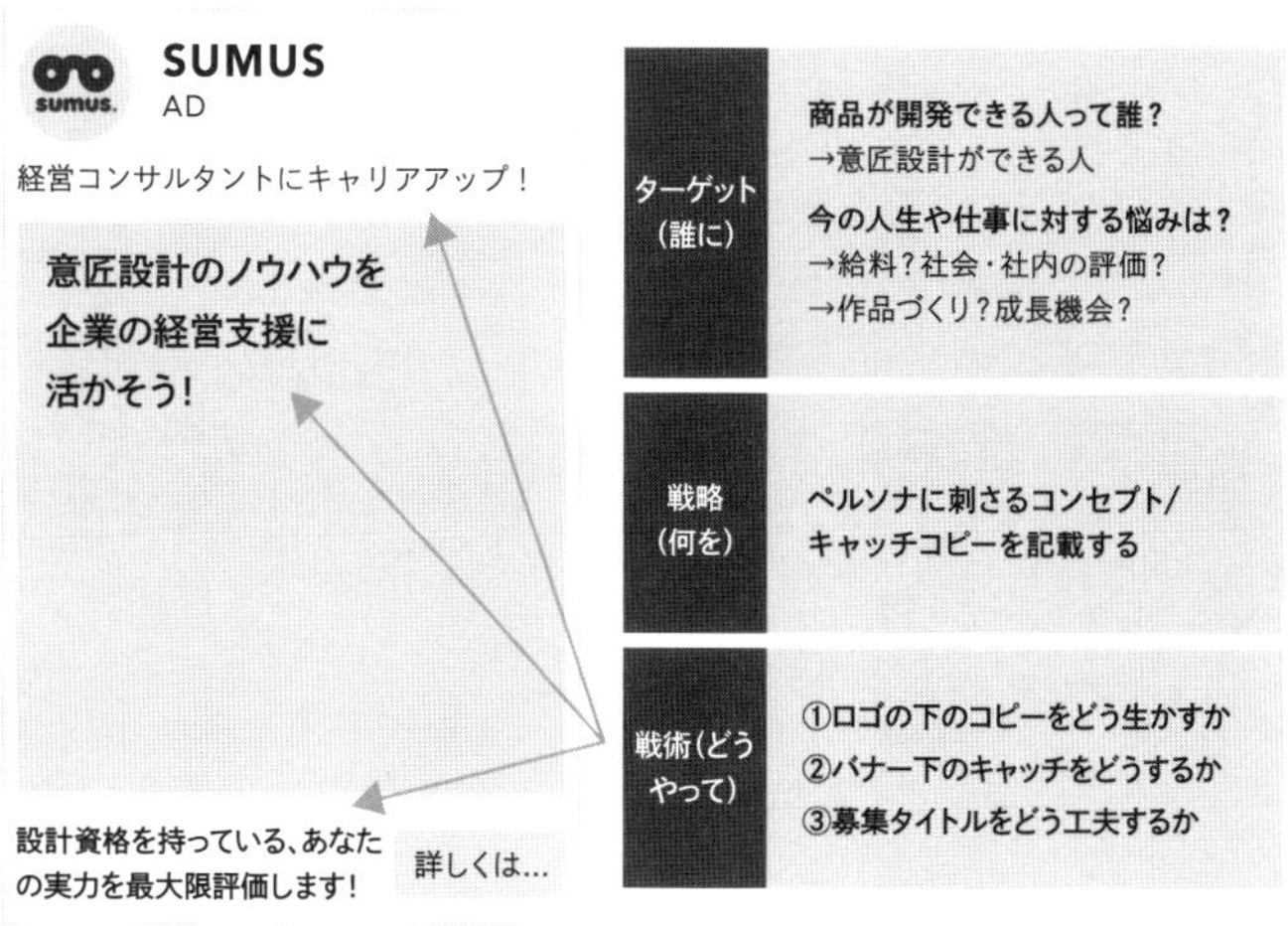

の広告の構成案です。このときは、クライアントと一緒に商品開発ができる人材を求めていました。弊社のクライアントは工務店ですので、意匠設計ができる人材が最適だと考えました。すでに設計士として働いている人にこちらを振り向いてもらうため、彼らが今、どんな悩みを抱えているかをイメージします。給料なのか、社会や社内の評価なのか、あるいは作品をつくったり、成長機会を求めているだろうか……など。インサイトを見つけたら、それをバナーに反映します。

この場合、文字を入れられる場所は、「ロゴ・社名の下」「バナー画像の中」「一番下のボタン付近」の3ヶ所ありますが、それぞれ別のメッセージを入れることが重要です。限られたスペースでどう訴求するかを考えましょう。また、バナー画像の中に入れるキャッチコピーは、画像に占める文字量の割合を30%以下に抑えると、配信効率がよくなります。

●誰に（ターゲット）

・支援先で商品開発ができる人＝意匠設計ができる人＝設計士

●何を（ターゲットに刺さる訴求ポイント）

・実力を評価する
・設計士からのキャリアアップ
・自分のノウハウが活かせる

●どうやって

・キャッチコピーや写真の選定、配置など

広告バナーは一種類つくって終わりではありません。テストを繰り返しながらより効果的にするためにどんどんブラッシュアップしていきます。一発で完璧なものをつくろうとせずに、どんどんアイデアを出していきましょう。

内定者に次年度の採用広告企画を任せる

弊社では、**内定者に次年度の採用広告の企画をさせ、その成績を競わせるという取り組みを行なっています。**

ペルソナ設定の研修を終了したあと、会社説明会の集客広告をそれぞれに作成してもらいます。写真の選定からキャッチコピーづくり、デザインまですべて自分で行なってもらいます。作成した広告は実際に配信し、それぞれの配信成績を順位付けします。

左ページの画像は、実際に2022年卒の内定者が作成した広告バナーです。この中で最も効果があったものと、最も効果が薄かったものはどれだと思いますか？

学生の気持ちになって考えてみてください。ちなみに私は内心、「どれも外れるだろうな」と思っていました。

SUMUS採用広告企画で出てきたデザイン

配信の結果、最も効果が出たのは上から2列目中央の「誰より人を沸かせる仕事」というキャッチコピーがついた広告でした。逆に効果がイマイチだったのは1列目右上と3列目中央の女性のモデルを使ったバナー2つです。

「コンサルタントなのに人を沸かせるってどういうこと？　意味がわからない」と最初は思っていたのですが、この広告だけで約200人の応募を獲得したのです。この結果は私にとってもうれしい誤算。そして、やはりこの取り組みには意味があると再認識しました。

内定者に広告を作成させるこの取り組みには、2つの狙いがあります。1つ目は**OJT教育**です。内定者はアルバイトとして入社前から実務に携わってもらっています。アルバイトの頻度は本人の希望と都合次第ではありますが、学生のうちからマーケティングに携わり、少額ですが予算を任せることで、**入社時には、新入社員でありながら実用的なスキルがすでに身についています。**

また、実際の業務を体験することで、「合う・合わない」も早い段階で体感することができます。実際にやってみて「自分には合わない」と思ったら、すぐに辞めてもらってもいいと私は考えています。入社まで引っ張って、正式に入社した後に退社するとなると、お互いに大変だからです。

取り組みの狙いの2つ目は、**内定者だからこその感覚を活かした広告作成ができる**ということです。

社内で就活生の気持ちを一番よくわかっているのは、つい最近まで就職活動に勤しんでいた内定者の彼らです。富裕層のマーケティングをするには、富裕層のことをよく知らないとできないように、就活生のマーケティングをするならば、就活生のことをよく理解し、共感できる内定者が適任なのです。

これはどの業界でも共通していることですので、採用の企画に内定者を含めることをおすすめします。

私が広告のノウハウを公開する理由

弊社は広告代理店ではありませんが、お客様企業の広告運用を支援する機会が多々あります。その際は、他の広告代理店同様に、使用した広告代金に対して固定率で手数料をいただいています。私たちがＳＮＳ広告の運用代行を行なう際に競合となるのは、実は他の広告代理店でも、コンサル会社でもありません。

「自社でやります」と言う企業。つまり競合は内製です。ＳＮＳ広告は、代理店でなければ取り扱いが難しいテレビＣＭや新聞などと違い、誰でも簡単に出稿することができます。そのため、わざわざ業者に手数料を払わず、自社でやってしまったほうがいいと考える企業は少なくありません。

私は、それならそれでいいと思っています。そもそも弊社は広告運用で稼ぎたいわけではありませんし、私たちに依頼をするということは、その分の費用が地方の会社から東京の会社に出ていくということになります。私たちは地場工務店の支援を通して、全国各地をそれぞれの地域から盛り上げていきたいという想いで活動しているので、せっかく地域で稼いだお金が東京に出ていくのは、すごくもったいないと感じます。

ですから、内製化はまったく問題ありません。

その代わり、**意味のあるやり方で、きちんと結果を出して欲しい！**　と願っています。

そう考え、お客様に対しても積極的にノウハウを提供し、広告配信のレクチャーもしています。**最終的には自社で運用できるようになり、専任の人材を新たに雇用することになれば、またひとつ地域にとってよいことができたと思えます。**

また、今回書籍として公開したのには、もうひとつ理由があります。先ほどから何度か出てきている通り、広告代理店が手数料型のビジネスモデルである以上、小規模のクライアントは相手にされないという悲しい現実があります。

月に100万円の広告費をかけてくれるクライアントであれば手数料は20万円。しかし月に10万円の広告費しかかけられないクライアントの手数料はたった2万円です。収入は10分の1ですが、初期の設定など配信にかかるコストにはそこまでの差はありません。

彼らもビジネスですので、取引をするためにはある程度まとまった予算を求めてきます。それができない会社からは、そもそも依頼を受けない、あるいは新入社員など素人同然の人材をあてがい、運用しています。

何百人採用したいとなれば話は別ですが、年間で2〜3人を採用したいだけであれば、月々の広告費は数万円でも効果があります。しかし、その予算では代理店側が受けてくれない可能性がとても高いのです。

そこで、自社内で運用し、しっかりと成果を出せるように、持てるノウハウを凝縮した本書の執筆を決めました。とことん使い倒していただけるとうれしいです。

5章

「麻雀就活」でいきなり100人が応募してきた!

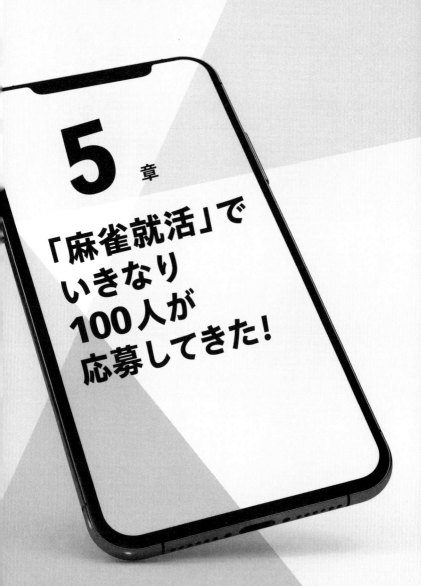

「麻雀好きな学生集まれ！」で100名が集まった

2022年9月3日。都内のある雀荘で、私は34名の学生たちと麻雀を打っていました。

2020年からはじめた「麻雀就活」。コロナ禍で一時中断を余儀なくされていましたが、2年ぶりに3回目の開催ができました。学生34名、SUMUS社員3名、ゲストのプロ雀士3名。総勢40名での1日がかりの麻雀大会です。

ここでやるのは、本気の麻雀。面接なんてしませんし、志望動機も聞きません。麻雀中は全員が集中しているので、ほとんど会話もありません。

開始前の代表挨拶では「麻雀とわたし」というテーマで話をし、終了後の懇親会では「あのときの打ち筋がよかったね」「あそこでドラを切るなんて！」「いつから麻雀やってるの？」など、話題に上るのは麻雀のことばかり。

ふざけているんじゃないか。いいえ、大真面目です。「麻雀就活」はＳＵＭＵＳにとってれっきとした採用活動であり、学生たちにとってもれっきとした就職活動なのです。

前章ではＳＮＳ広告の活用方法をご紹介しましたが、この「麻雀就活」はＳＮＳそのものの可能性を私が強く感じた企画でもあります。広告宣伝費はほぼ使わず、集客の９割がＳＮＳでの通常投稿経由です。

私個人のＴｗｉｔｔｅｒアカウントはフォロワー数約５００人と、決して多いほうではありません。しかし、この麻雀就活を告知した投稿は、広告費を一切かけずに約５万８０００回も表示されました。

ＴｗｉｔｔｅｒとＩｎｓｔａｇｒａｍでの告知で、最終的に１００名以上からの応募があり、選考の上34名まで絞り込ませてもらいました。

「麻雀就活」の投稿画面

小林 大輔／スムーズ代表取締役 @DKobaya · 2022年7月20日
【麻雀就活 挑戦者求ム！】

駆け引き。決断力。マネジメント力...すべてが試される麻雀で内定を勝ち取ってみませんか？

優勝者は内定リーチ！Mリーグで大活躍中のトッププロとガチンコ勝負。

本気で勝ちたい人だけ来てください！

9月3日（土）@都内
#23卒 #24卒
sumus-recruit.jp/mahjong-2022-s...
麻雀就活
麻雀の強さは経営コンサルタントの「生涯年収」に比例する？
思考力
勝ちへの執着
分析力
白鳥 翔さんと他2人
37
114
小林 大輔／スムーズ代表取締役 @DKobaya · 2022年7月20日
【麻雀就活 挑戦者求ム！】
駆け引き。決断力。マネジメント力...すべてが試される麻雀で内定を勝ち取ってみませんか？
優勝者は内定リーチ！Mリーグで大活躍中のトッププロと...
インプレッション数
58,845
エンゲージメント
4,272
詳細のクリック数
634

インプレッション(表示)が約5万8,000回にも！

・ゲスト雀士へのギャランティ
・会場となった雀荘の貸切代
・特設サイトの作成（社内作成）

これらでかかった費用は合計で20万円ほど。終了後の懇親会は任意参加の上、参加する場合は学生も自腹ですが、ほぼ全員がそのまま懇親会まで参加しました。

今回が3回目だから100名集まったわけではなく、この「麻雀就活」は、2019年の1回目から毎回、広告宣伝費を一切かけずに集客が成功しています。

さらに興味深いことに、応募層のレベルが高く、東大京大をはじめとした旧帝大の学生たちがこぞって参加してくれるのです。弊社のような小さな会社では、ナビサイトで求人を掲載しているだけではなかなか出会うことができない人材たちです。

彼らの大半はSUMUSという会社のことを、Twitterで見るまさにそのときまで知らなかったことでしょう。もしかすると、応募するときも、まだ社名なんて意識していなかったかもしれません。

麻雀が強いコンサルタントは優秀である

私は根っからの麻雀好きです。学生時代は好きが高じて雀荘でアルバイトをし、現在でも月に2回は麻雀を打っています。日本全国を出張で飛びまわりながら、現地の雀荘を訪れ、連勝記録を打ち立てたこともあります。実は弊社のナンバー2とも麻雀がきっかけで知り合いました。

これまで麻雀を通してたくさんの人を見てきた中で、**麻雀の打ち方にはその人らしさがありありと出る**ことを強く感じていました。

- 勝てないと思った瞬間に諦め、勝負を降りる人
- 確率を考えず、無謀な賭けにばかり出る人
- 〝ここぞ〟の勝負勘がやたらと強い人
- 堅実な勝ちを求める人

・あえて人を嵌めるようなひっかけ技ばかりする人

こうした麻雀の打ち方は本人の性格とも強くリンクしており、**1日一緒に麻雀を打てば、その人のことがとてもよくわかります。**それこそ、面接で「これまで頑張ってきたこと」「私の長所」など、あらかじめ用意してきた自己PRを聞かされるより、もっと本質的な部分が丸見えです。

また、**「麻雀が強いコンサルタントは優秀である」**というのが私の持論でもあります。そもそも数字に強くないと点数計算すらできません。運を味方につけながら、与えられた手牌の中で最良の勝ち筋を探していく。そのプロセスはビジネスに通じる部分が多々あるのです。こうすれば勝てるという決まった答えはなく、その時々の戦況を読みながら、いかに負けないかを考えることもあれば、どうすれば最大の勝ちを手繰り寄せられるかを考えることもあります。

1～2半荘であれば運の要素も大きいですが、SUMUSの麻雀就活は1日がかりの6半荘。それだけあればハッキリ言って、人となりも、備えている能力も手に取るようにわかります。そのためこの「麻雀就活」では、全員が本気で打つことを大切にしています。学生たちには我々やプロ雀士を食って欲しいし、負けてあげるつもりもさらさらありません。学生たちが楽しめるように盛り上げようとか、勝たせてあげようなんて心づもりは1ミリもありません。

これは学生にとっても同じだと思います。同じ「麻雀好き」と言えど、空気が合う・合わないはやはりあります。**1日一緒に卓を囲むと、「この人たちとはずっと一緒にいられるな」と感じる人もいれば、「自分にはちょっと合わないな」と感じる人もいるでしょう。**本気で向き合うからこそ、より深いところでお互いのことを理解し合えるのです。

「私、これまで真剣に麻雀を打ってきたんですけど、そのことを評価してくれたのはSUMUSだけでした」

1回目の「麻雀就活」に参加した学生から言われた言葉です。彼は大手自動車メーカーからも内定を獲得しており、どちらに就職するべきか最後まで悩んでいました。当時は今よりも規模が小さく、知名度もなかった弊社と、誰もが知る大企業のそれも専門職。普通であれば悩む理由が見当たらないような二択ですが、彼を最後まで引き留めていたのは、一緒に麻雀を打ったあの経験でした。最終的には、彼の能力や技術がより活かせるのは自動車メーカーだと私も背中を押したカタチで決着しましたが、彼が東京に遊びに来たときには今でも一緒に麻雀を打つ仲になりました。

麻雀なんてゲームや遊びの類だと言う人もいます。もちろんそうです。でもゲームや遊びも本気でやれば、これほど深く人とつながるツールになるのです。だから私は、真面目に、真剣に、誇りを持って「麻雀就活」をしています。

ちなみに毎回応募が殺到するので、2022年の「麻雀就活」はあらかじめ、「本気で勝ちたい人」という条件をつけ、点数計算ができるかどうかで足切りをしました。結果、集まったメンバーは強豪揃い。この企画はじまって以来、学生が総合1位を獲得しました。それどころか1～3位を学生が独占し、プロ雀士や麻雀中毒の私たちがつけ入る隙もありませんでした。

本気で打っているのでもちろん悔しいですが、それ以上にすごい逸材たちに出会えたという喜びで、これまで以上の手応えを感じました。結果的にそこから4名がインターンシップに進み、うち2名には内定を出すことがほぼ確定しています。

他社と同じことをしていても、人は集まらない

「麻雀就活」という企画を思いついたのは、創業間もないころのある出会いのおかげです。

とあるナビサイトの営業の方で、4週間で180万円の最上位プラン（中途採用向けナビサイトの広告）しか売らない、という伝説の女性でした。もう何年も連続してトップセールスを獲得しているのだそうです。

「社長の強みに合わせて企画を尖らせたほうがいい」というアドバイスをくれたのは、その営業の方だったのです。

結果的に当時の弊社には180万円もの広告費を支払うことは到底できなかったので、契約することはできなかったのですが、営業の段階で、企画の考え方やキャッチコピーのアイデアなど、さまざまなアドバイスをしてくれました。

私には麻雀以外にもうひとつ趣味があります。それが「テニス」です。当時は、毎年四大大会（全豪オープン、全仏オープン、全英オープン、全米オープン）のすべてをスタッフと一緒に観戦しに行っていました。

世界の住みやすい街で上位ランキングされるメルボルンまで行って、観光は一切なし。毎日朝からテニスを観て、夜はオーストラリアワインを飲みながら、その日面白かったゲームについて語り合います。一週間の滞在期間を、テニスのためだけに使うのです。

その話を彼女にしたところ、「それ使えそうですね！　やりたい人絶対いますよ」と、テニス好きの人にだけ刺さるような企画を提案してきたのです。当時の私はそこまで尖らせて刺しに行く勇気も、そもそも１８０万円という予算もなく、残念ながら勝負に出ることができませんでした。「１８０万円も出してスベッたら……」と思うと、怖くて仕方なかったのです。

それから数年経ち、「自社にしかできない採用企画って何だろう？」と考えを巡らせているときに、当時のやり取りを思い出し、「麻雀就活」の発想が生まれました。

創業間もないころの私は、せっかくの提案を受けても勝負に出ることができませんでしたが、今なら彼女の提案の真意がよくわかります。

我々中小企業は、他社と同じことをしていても、注目が集まることも人が向こうからやってきてくれるようなこともありません。**「アットホームな職場環境」「やりがいのある仕事」「充実した福利厚生」など、採用らしい切り口で自社を差別化するのには限界があります。**実際、世の中の求人情報を見てみても、同じようなキャッチコピー、同じようなPRばかりが並んでいて、結局違いがよくわかりません。

そんな中、「うちに入れば、テニスの四大大会に行けます！」と書いてある求人があったら……、目立つこと間違いなしですね。

また、実際に麻雀就活を実施してみて気づいたことですが、企画が尖ると、まだ開催さえしていないうちに就活生の間で口コミが広がります。同じ学校内の麻雀仲間や知り合いの麻雀好きに「こんなのあるよ」と教え合い、一緒に参加してくれます。

「採用だから、こうでなければならない」という思い込みを一度取っ払って、自社らしさって何だろう？　と見つめ直してみてください。

社長の趣味で採用するという新発想

弊社では「麻雀」を切り口にしたイベントを企画しましたが、皆さんがやるときには麻雀である必要はまったくありません。それこそ社長の趣味でいいのです。

私の場合は麻雀が好きで麻雀をずっとやってきたからこそ、打ち方でその人の性格や思考のクセを見ることができます。それは他の競技でもきっと一緒で、ゴルフでもダーツでもランニングでも魚釣りでも、精通している人が見れば、「あの人は序盤ではりきりすぎる」「ここぞというプレッシャーに弱い」「周囲への配慮を徹底しつつ、おいしい所はきっちり持っていく」など、プレーの様子からいろいろなことがわかるはずです。

学生にとっても、「実際のところ、この会社ってどんな会社なんだろう?」ということがリアルに感じられます。慣れない会社説明会や面接をするよりも、よっぽど的確にお互いのことがわかり合えるかもしれません。

中小企業の採用は、大企業の採用手法と同じである必要はまったくありません。スキルや能力も大事ですが、社長と社員の距離が近い中小企業では、それ以上に、「社長が手を離さない人」を採用することが一番大事なのではないかとも考えています。

一所懸命頑張ろうという気持ちはあるのに、会社にうまく馴染めない人。もっと伸びる可能性があるのに、社長が諦めてしまいくすぶっている人。そんな人は世の中にたくさんいます。

そうしたミスマッチを防ぐ意味でも、採用の段階で「趣味が合うか」「長時間一緒にいてもお互いに苦じゃないか」「沈黙の時間を気にせずにいられるか」「難しい局面でどういう判断をするか」など、より深いレベルでの「合う・合わない」を見極めておくことは、お互いにとって大切なことではないでしょうか。

趣味で採用するなんてけしからん、と言う前に一度試してみませんか？

成功企画の裏には大失敗企画の山

「麻雀就活」はSUMUSの中でも、企画とSNSでの告知がうまく嚙み合って大成功した例です。しかし、いつもこんなにうまくいくかと言えば、まったくそんなことはなく、成功の裏には大失敗の山があります。

初めての新卒採用イベントは「アブナイ就活夜会」というものでした。転職サイトのビズリーチが体育会系向けにやっていた「肉リーチ」という企画を参考にさせていただき、私風にアレンジをしました。私はどちらかというと陰キャなので、その特性にスポットをあてて、麻布十番の有名店で業界の裏話を暴露する、という企画を立てました。怪しさ満点です。結果、この企画はダダすべりでした。参加者は来るには来たのですが、求めていた学生とはまったく違う人が集まってしまいました。

新卒採用で初めてナビサイトに掲載したときのことは、社内では「幻の回」と言われています。シーズン後半になると掲載費用が安くなるため、そのタイミングでとりあえず深く考えずに掲載してみたのですが、まったくの無風……。まさに幻で、広告費を無駄にしてしまいました。

「就活塾」という、学生向けの学びサロンを開催したこともあります。大学1～2年の早い時期に出会える学生は総じて優秀なのですが、意識も感度も高い中、今すぐ決断をする理由が彼らにはなく、勉強会から採用に結びつけることはかなり困難でした。他にも「カバン持ち採用」や「ビジネスコンテスト」「ダイレクトリクルーティング（大学生を直接ナンパ）」など、さまざまなことをやってきました。

採用の王道パターンをなぞっているだけでは人材の獲得ができない以上、正解がわからないなりに片っ端からやってみるしかありません。採用イベントで失敗したところで、それを憶えているのは自分や自社のスタッフくらいです。いちいち気に病む必要はないので、新たな挑戦に向かうべきです。とにもかくにも、行動あるのみです。

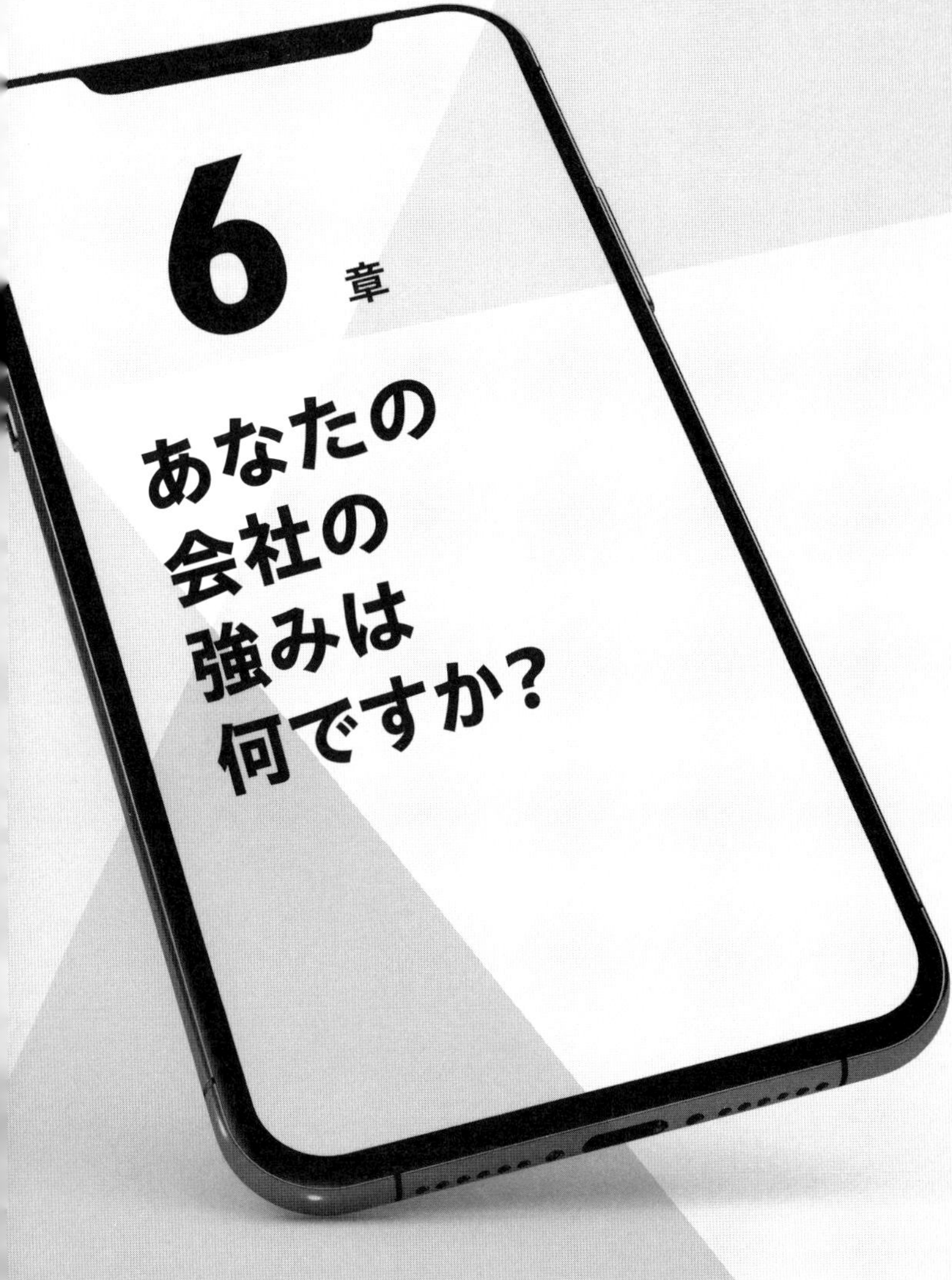

6章

あなたの会社の強みは何ですか？

採用は、「選ぶ」から「選ばれる」時代へ

採用を成功させるには、大きく分けて2つの力が必要です。それは「集める力」と「選ばれる力」。

本書ではこれまで「集める力」を中心に話を進めてきました。自社サイト、会社説明会、インターンシップ……、どうやって採用候補者を呼び込むか、その具体的な方法をご紹介しました。

人はたくさん来たけれど、自社に合わない人ばかりだった。集客にものすごく苦労して人数は少なかったが、すごく刺さっていた、など、その都度チューニングをしながら、集める力を強化していきます。

そしてもうひとつの「選ばれる力」。選ばれる力を強化していく具体的な方法をお話する前に、採用の現実をお伝えしなければいけません。

採用活動（候補者にとっては就職活動）は、**今やすっかり「企業が人を選ぶもの」ではなく、「人が企業を選ぶもの」に変わっています。**本書をお読みの方の中には、就職氷河期世代で、ご自身の就職活動に随分苦労をしたという方もいらっしゃるかもしれません。当時の採用活動（あるいは就職活動）を経験している方々には、どうしても採用とは「企業が人を選ぶもの」という意識が根強く残っています。

- **魅力的なオファーも出していないのに、「よい人材が来ない」とぼやく**
- **選考辞退・内定辞退をした候補者にキレる**
- **去っていく社員に対して「根性がない」とレッテルを貼る**

もしこんな言動に心当たりがあるならば、すっかり時代が変わっていることに気づかず、まだ選択権は企業側にあると誤解しているのかもしれません。

皆さんご存じの通り、今は**圧倒的な売り手市場**です。企業にとっては、もはや求人を出せば勝手に応募が来るような時代ではありません。優秀な人材は、自社以外からもたくさんの内定を獲得しています。そんな中から給料や条件、あるいはやりがい、自身のキャリアプラン、経営者への共感、夢などなど、それぞれの基準で働く会社を選びます。仕事が少なく人が余っていた時代とは違い、並べて評価されるのは「企業」側になっているのです。

それに気づかず、「自分たちが選ぶ側」だという態度や待ちの姿勢でいると、求人を出してもまず無反応。やっと来たと思っても選考途中で他社に獲られてしまったり、内定を出したあとに辞退されてしまったりと、入社までこぎつけるのも一苦労です。

ここで、「じゃあ、うちなんて無名の中小企業だから選ばれない」と落ち込んではいけません。中小企業でも、選ばれる力を磨くことはできます。事実、地方の小さな会社に応募者が殺到するような事例は枚挙にいとまがありません。ただし、経営者自身が「うちなんて」と言っていては、絶対に選ばれる会社にはなり得ません。新卒、中途にかかわらず、求職者にとってこれから働く会社を選ぶということは、自分のこの先の人生をかけた大きな選択だからです。

では、どうすれば選ばれる会社になれるのでしょうか。

自社の強みを社長が説明できない!?

ここでもう一度、1章でご紹介したブランディングの王道と型破りをおさらいします。

【ブランディングの王道（大企業向け）】

①ペルソナ設定
②コンセプトの設計
③デザインの統一
④提供価値の定義
⑤ブランド認知の獲得
⑥定量結果の考察

【ブランディングの型破り（中小企業向け）】

①ペルソナ設定
②定量結果の考察
③ブランド認知の獲得
④提供価値の定義
⑤デザインの統一
⑥コンセプトの設計

中小企業は、大企業のやり方とは真逆の順番で攻めることで、「目の前の集客をどうするか問題」に対処しながら、ブランド力を強化していくという話です。2章ではペルソナ設定を、そして3章では定量結果の考察（データ収集）、4章ではブランド認知の獲得（SNS広告術）についてお伝えしてきました。

次は型破りの4ステップ目、「提供価値の定義」です。

さて、ここで質問です。

あなたの会社の強みは何ですか？

どうでしょうか。即答できましたか？　もちろん、ここで言う強みとは「採用における強み」を指します。私はコンサルタントとして日本全国の中小企業の社長と出会ってきましたが、ハッキリとすぐに答えられる人のほうが圧倒的に少数です。

営業における強みや自社の特徴はスラスラと出てきても、採用となると、「……」と沈黙が続きます。営業と採用では競合相手も対象もまったく違いますので、強みとしてあがる項目も違うはずです。例えば、お客様からはアフターフォローが手厚いことを喜ばれているとしても、それをそのまま採用候補者に伝えても、「この会社に入りたい」という理由にはならない可能性のほうが高いですね。

「USP」という言葉を聞いたことがありますか？

U：Unique（独特・唯一の）

S：Selling（販売）

P：Proposition（主張・提案）

このそれぞれの頭文字から取られており、自社の商品やサービスが持つ独自の強みを意味します。アメリカのコピーライター、ロッサー・リーブスによって提唱された概念で、一般的には販売やマーケティングでよく使われていますが、これも採用に応用ができます。

ＵＳＰはただの「強み」や「自社の特徴」では不十分で、**それらが相手に対して価値を提供していることが大前提**です。それでいて、他社が言っていないことや、言おうとしてもできないことである必要があります。

当たり前の中に「価値」がある

さて、あなたの会社の提供価値は何でしょうか。「う〜ん、特筆するようなものが思い浮かばない……」と思った方は、1章を思い出してください。多くの中小企業では、「うちには人を呼べるほどの採用上の魅力が欠けている」と諦めムードが漂っており、この構図は、田舎のまちづくりととても似ているという話をしました。

日本全国のまちを巡っている私だからこそ確信を持って言えることですが、「観光地もパッとする特産品もないし、アクセスも悪い。こんなところにわざわざ人なんて来ないだろう」と地元の人が諦めているような場所でも、絶対にその場所にしかない「価値」が眠っています。

地元の人には当たり前すぎて「それでお金を取るなんてとんでもない」ものでも、**外の人には「お金を払ってでも体験したいモノ・コト」はたくさんある**のです。

その最たる例が、北海道のニセコです。ここ数年、圧倒的な地価上昇率を誇る人気リゾート地ですが、もともとは観光客よりもキタキツネのほうが多いような田舎町でした。そんな田舎町が、今や冬のスキーシーズンには1泊5万円以上の部屋が満室になり、6億円もの高級コンドミニアムが飛ぶように売れる、世界が注目する超リゾートタウンへと変貌しました。

この大変貌を成し遂げた裏にあったものは、なんと「パウダースノー」です。休暇でニセコを訪れたオーストラリアの富裕層がこのパウダースノーを気に入ったことがきっかけで、海外から多くの観光客が集まるようになりました。

もともと、ニセコにあったのは「パウダースノー」だけでした。決してこのまちが特別で、最初からものすごい観光資源に恵まれていたわけではありません。オーストラリアからの観光客が来るまで、ニセコの人たちにとっては「ただの雪」で、当たり前にそこにあるものでした。そんな自分たちにとっての当たり前が、世界的には隠れた財産だったと気づくことができたのです。

他にも、山に落ちている「葉っぱ」でビジネスを興した事例もあります。

徳島県の上勝町は人口1500人程度で、その半分は65歳以上のいわゆる限界集落。面積の86％が山林という、わかりやすく言うと「山奥の田舎町」です。そんな田舎の小さなまちに住む高齢者が、ものすごく稼いでいるというのです。

彼らが売っているのは「山で採れたモミジ」です。モミジの葉っぱを、料理の横に添える「つまもの」として全国の料亭に出荷して、年間2億5000万円もの売り上げを上げています。この葉っぱビジネスで年収1000万円を稼ぐおばあちゃんもいるそうです。発起人は、農協職員の横石知二さん（現株式会社いろどり代表取締役）。料理に添えられていた葉っぱを持ち帰る女性客の姿を見かけて、この葉っぱビジネスがひらめいたのだそうです。なにせ、上勝町は土地の86％が山林ですから、葉っぱなら文字通り山ほどあります。

雪も葉っぱも、**もともとそこにあったもの**です。そこに住む人たちにとっては**あま**

りにも当たり前すぎて、それに価値があるなんて気づかない。それほど近くに宝は眠っているのです。

以前、株式会社ペライチの創業者であり現取締役会長の山下翔一さんと、まちづくりについて対談をさせていただきました（https://note.com/sumus_kobayashi/n/n88958d2e8825）。ペライチと言えば、ウェブサービスの会社。まちづくりや地方創生とは共通点がないと思われる方もいるかもしれませんが、山下さんは超多角的な活動をされており、地域創生にもとても熱心に取り組んでいらっしゃいます。

その対談の中で山下さんがおっしゃっていた言葉が大変印象的でした。

「よくある『あなたのまちの面白いものを教えてください』という質問って、ほとんど面白いものが見つからないのです。他の地域にもあるものが多い。

でも、『あなたのまちの当たり前を教えてください』と聞くと、10％くらいは『それ当たり前じゃないよ？』というものが見つかったりするのです」

このように言われて振り返ると、確かに各都道府県の珍しい料理やユニークな習慣を紹介するテレビ番組などでも、現地の人にとっては当たり前のことなのに、他の地域の人が見ると、「え～！　こんなのがあるの？」という認識のギャップにこそ面白さがあることに気づきます。

実は会社もまったく同じです。求人票に書くために自社の特徴を絞り出そうとすると、だいたいどこの会社も「アットホームな雰囲気」「頑張り次第で稼げる」「研修制度があります」など、似たり寄ったりなフレーズが出てきます。しかしもっと深く観察してみると、**どんな会社にも必ず1つや2つ、「そんなことあるんだ？」という面白い制度やルールが存在します。**

まずは、自分たちの「当たり前」を洗い出してみましょう。中途採用の人材にインタビューをするのもいいでしょう。彼らは以前の職場と今の職場を必ず比較していますので、自社にしかない風土や制度に気づいています。その当たり前の中から、自社の価値を見つけ出し、言語化します。

「うちに面白いことなんてない」と決めつけないでください。私の持論ですが、経営者は、会社を起こし、人を雇用し、社会に何か影響を与えようと行動している時点でどこか普通ではないのです。面白いことがない会社はあり得ません。会社の制度で見つけられなければ、社長の強みを会社の強みにしてしまっても構いません。

例えば、SUMUSの場合は次のような点があがりました。

- 飲み会が多い
- 社員旅行が毎年ある
- 麻雀の実力者が多い
- コンサルという立場上、いろいろな業界の裏事情を知っている

最近の若者は飲み会や社員旅行を嫌がるという世代論もありますが、最近の若者の中にもそうした集まりが好きな人もいます。実際、飲み会が多いというのは事実ですので、選考のときからわかっていたほうが、好きな人は来るし、嫌いな人（つまり、自社の雰囲気に合わない人）は来ず、お互いに無理をする必要がなくなります。

中小企業であることは「弱点」ではない

全員に好かれる商品、全員に好かれる職業、全員に好かれるキャッチコピーは存在しません。みんな大好きなカレーや唐揚げでも、嫌いな人がいるのです。逆に苦手な人が多い食材でも、大好きだと言う人がいます。刺さる人にだけ刺されば、それ以外の人には嫌われたっていいのです。そのように考えれば、**今「弱み」だと思っている部分も、「強み」としてアピールすることができるかもしれません。**

例えば中小企業の場合、社員数が少なくマネジメント体制が整っていないことがあります。それは裏を返せば、自分の力をのびのびと発揮できる場所であるとも言えるし、会社によっては直属の上司だけでなく、社長や幹部などの経営層と一緒に仕事をする機会が多いところもあるでしょう。大企業では社長と一緒にお酒を飲む機会など、新入社員ではまずあり得ません。きつい仕事は、最も成長できる仕事でもあります。田舎だからこそ、戸建てでのびのびと子育てしながら働けるし、満員電車に乗らず、車通勤ができます。どんな事象もどの部分にライトを当てるかによって、見え方はまったく変わるのです。

「採用するならば、きちんとした会社に見えるように整えなければいけない」という思い込みは、多くの中小企業を苦しめています。事実、いろいろなところで他社に劣っている状態で戦いに出るのは怖いものです。中には、「今の制度のままじゃ採用はうまくいきませんよ」と煽る採用コンサルタントもいます。

しかし、一介の中小企業が、給料や福利厚生、条件などよくある求人項目で見栄を張ったところで、はっきり言って大した差別化にはなりません。仮に見栄を張って採用が成功したところで、あとから自分たちの首を絞めるだけです。キラキラした強みを見つけようとしたり、できもしないところで大手と張り合う必要はありません。あなたの会社の「ありのまま」に、必ず強みがあります。

業界に「誇り」を持つ

強みを語る上で、もうひとつお伝えしたいことがあります。それは**「産業の魅力を語る」**ということです。

採用候補者をしっかりと見ている人はお気づきだと思いますが、**ひとつの業界に絞って就職活動をしている人は意外と少ない**ものです。特に地方の会社であれば、同じエリアの中で、同一業界でぶつかることはほとんどありません。そうすると、「業界の強みや特徴」が、候補者にとってはそのまま「その会社の強み」として受け取られることになります。

例えば、SUMUSは「地場工務店に特化したコンサルティング会社」です。採用候補者は、マーケティング会社や、業界に特化していないコンサルティング会社などと並行して選考を受けていることがよくあります。そこで私は、「コンサル業界」や

「住宅業界」の魅力を語ります。まず、コンサル業界というのは、今でも毎年130％のペースで成長している業界です。この業界に入ることは、まさにトレンドに乗ることになります。

また、住宅業界の魅力のひとつは、そのバリューチェーンの長さです。バリューチェーンとは、製品の製造や販売、人材育成など企業のさまざまな活動すべてを価値の連鎖として捉える考え方です。

「鎖」を意味するチェーンという言葉が入っている通り、すべてがつながっているため、一箇所がよかったとしても、どこかひとつでも弱いところがあると、鎖

バリューチェーン

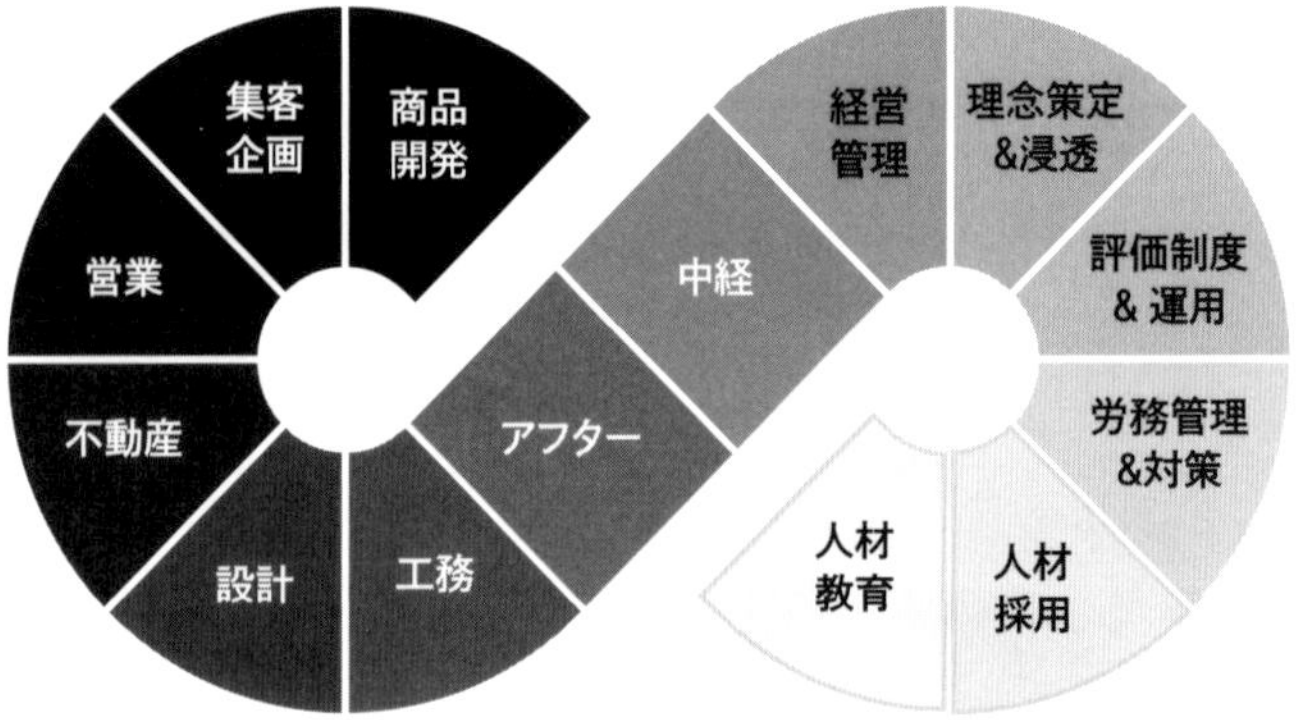

が切れてしまいます。企業経営をしていく中では、この鎖をきちんとつないでいくことがとても重要な意味を持っています。

例えば、マーケティング施策が成功して集客できたとしても、それをさばけるだけの人材が確保できていなければ、最悪「黒字倒産」してしまいます。

商品開発とマーケティングで完結してしまうような業界もある中、住宅は商品開発から実際にお客様の手に渡るまでの間だけでも、たくさんの部門と人が関わっています。人と人、部門と部門、「間」が多ければ多いほど問題はたくさん起こります。そのすべてを解決するのが私たちの仕事ですので、他の業界や部門に特化しているコンサル会社と比べても、やりがいも学べる内容も圧倒的に大きいと自負しています。

もちろん、他の業界でも同じです。例えば「営業」と言っても、住宅営業と金融営業ではその魅力も変わります。

住宅営業は「人生の大きな意思決定の場に携わる」仕事です。高額商材の上に、お客様の大半が「初めての買物」です。その分、売るのが難しい商材とも言えますが、この営業ができれば他のどんな商材でも怖い物はないでしょう。住宅や不動産のことだけでなく、ライフプランや税制、金利など覚えなければならない知識も膨大です。営業という仕事を通して、世の中を見ることができるのも大きな特徴です。

一方で、金融営業は無形の商品を扱います。商品での差別化が難しい分、自分自身を商品として売り込んでいく営業の手腕が問われる仕事です。お客様との信頼関係の構築など、より本質的なビジネスパーソンとしての土台が鍛えられると言えるのではないでしょうか。

このように、同じ業界、同じ職種でもライトの当て方によって光り方はまったく変わります。「縮小産業だから……」「不人気業界だから……」と卑下せずに、まずは自分たちの業界に誇りを持ってください。

あなたにもプロとしてプライドを持っているテーマ、そしてそれにまつわるエピソードが絶対にあるはずです。取ってつけたようなビジョンや福利厚生を語る前に、あなた自身の胸が熱くなるようなプロとしての誇りを語りましょう。

ラベルのないものに値段はつかない

自社の強みが見つかったら、次のステップです。「中身で勝負する」とよく言いますが、採用もマーケティングも、実は**中身以前の段階で勝負が決まっている**ことが多々あります。

次ページのイラストを見てみてください。

3本のペットボトルが並んでいます。あなたならこの3本それぞれにいくらの値段をつけますか？

この質問は、コンサルティング先での研修でもよく取り上げるのですが、まず間違いなく①番に最も高い値段がつきます。逆に③番は、売っていてもよほどのことがなければ買いたくないという答えが圧倒的です。神経質なタイプの人であればタダでもらうのも嫌だと言い出しそうですね。

①も②も③も、中身はお茶です。①番のお茶が一番おいしいかと言えば、そんなことはわかりません。もしかすると③番のボトルには、奇跡の味と言われる麦茶、あるいは中国の超貴重な茶葉を使った烏龍茶が入っているかもしれません。

しかし、このように並べられると、どうしても私たちはわかりやすく中身がイメージできるラベルのついた①のボトルを選んでしまうのです。

「よいものが評価される」と思い込んでいる人が少なくありませんが、中身はまったく同じでも、どのようなラベルがつくかで「選ばれる力」に大きな差が生まれます。

どのお茶を選びますか？

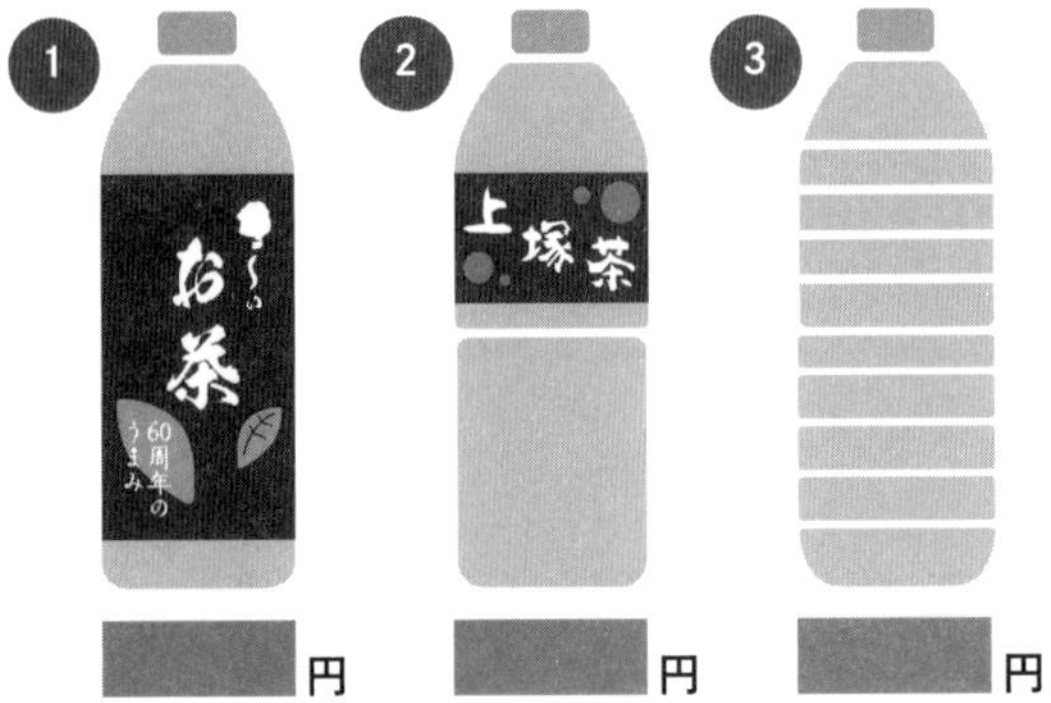

逆に言えば、**今当たり前にあるものややっていることについても、わかりやすいラベルをつけることで、それが選ばれる理由になり得る**ということです。私はこれを**「強みのパッケージ化」**と呼んでいます。

強みのパッケージ化には4つのポイントがあります。

① すべてを理解して（読んで）もらえないことを前提に検討する

ＳＮＳでもホームページでも、記載している内容は、実はほとんど読まれていないと考えたほうがよいでしょう。**ほとんどが、タイトルや見出しなど目を引くパーツだけで判断されます。**また、じっくり読んでくれたとしても、その理解は１００％にはならないでしょう。会社説明会で面と向かって説明したことも、忘れられたり、こちらが意図しない形で誤解されたりするものです。「これだけは絶対に伝えたい」というメッセージやキーワードは、確実に目に入るような見せ方やデザインの工夫をしましょう。

② メリットをわかりやすく表記する

強みが見つかったとしても、ただの「事実」では候補者の胸にグサリと刺さるほどの影響は与えられません。それが「価値」として認識されるような工夫が必要です。例えば「上場会社である」ということは事実です。その価値は「将来の不安が少ない」ことなのか、「ご両親が喜ぶ」ことなのか、「組織というものを深く知ることができる」ことなのか、ペルソナに合わせてしっかりと定義します。

③ 印象に残すための数値・キャッチを使用する

数字を入れることで、読み手の印象に残りやすくすることができます。ある工務店では、「地域密着で展開していて、アフターもしっかりしているから施工後も安心」という強みに、「アフター60」というサービス名をつけました。これは、本社や支店から60分以内に到着できる範囲に絞って建築しているという意味です。

地域密着やアフターフォローを売りにしている工務店はたくさんありますが、このようにサービス名をつけ価値を言語化したことで、他社との差別化を実現しました。

④ マジカルナンバーを意識し、複数の価値を組み合わせる

強みはひとつである必要はありません。複数の強みを組み合わせることで、訴求力を高めることができます。そのときに意識したいのが「マジカルナンバー」です。

マジカルナンバーとは、**人間が瞬間的に記憶できる短期記憶の限界容量**のことです。人が短期的に記憶できる数は、7±2（4±1とする説も）と言われています。「○○が選ばれる6つの理由」「株式会社□□7つの約束」など、マジカルナンバーを意識しながら、強みをセットで見せていきましょう。

ポジショニングマップを描く

評価とは、常に相対的なものです。A社と比べれば劣る項目でも、B社と比べれば勝るものだってあります。また、自分では「強み」だと思っていたことも、比較相手次第では負けてしまうこともあります。自社のポジションをどこに置くかで、強みの見せ方も変わります。

1章の中で、競合を意識するという話をしました。ここではさらに踏み込んで、自社と競合会社がどのような位置関係にあるのかを整理してみましょう。

「ポジショニングマップ」とは、マーケティングを考える際に、**競合相手との差別化を図り、競争優位性のある独自のポジションを導き出すために使用される手法**です。ポジショニングマップを描くことで、競合他社がいない、あるいは強くないマーケットを見つけ出し、自社のポジションを正しく設計することができます。ポジションを正しく設定しないまま見切り発車ではじめてしまうと、すでに競合他社がしっかり認知をとっているゾーンで戦うことになり、競争優位性のない企業はあっと言う間に疲弊してしまうことが往々にして起こります。

まずはイメージしやすいように、ある地域における住宅販売のポジショニングマップを見てみましょう（次ページ）。縦軸は価格、横軸は各社の強み（性能やデザイン面が強いのか、土地の仕入れが強いのか）です。

右上のゾーンは、すでに各社がひしめき合っていることが見て取れます。ここで戦うためには競合を蹴散らすほどの営業力や設計力が求められることになり、後発で入るにはかなり厳しい戦いを強いられます。一方で空いているのは「性能やデザイン性が高く、低価格」な右下。また、左上にも少し空白がありますので、土地を仕入れて高級分譲地として開発するという手もあるかもしれません。このように各社のポジションを見える化することで、自社が勝てる戦い方があぶり出されます。

これと同じことを、採用でもやります。ポジショニングマップの描き方の手順はいたってシンプルです。

ポジショニングマップ（住宅販売の例）

とある町

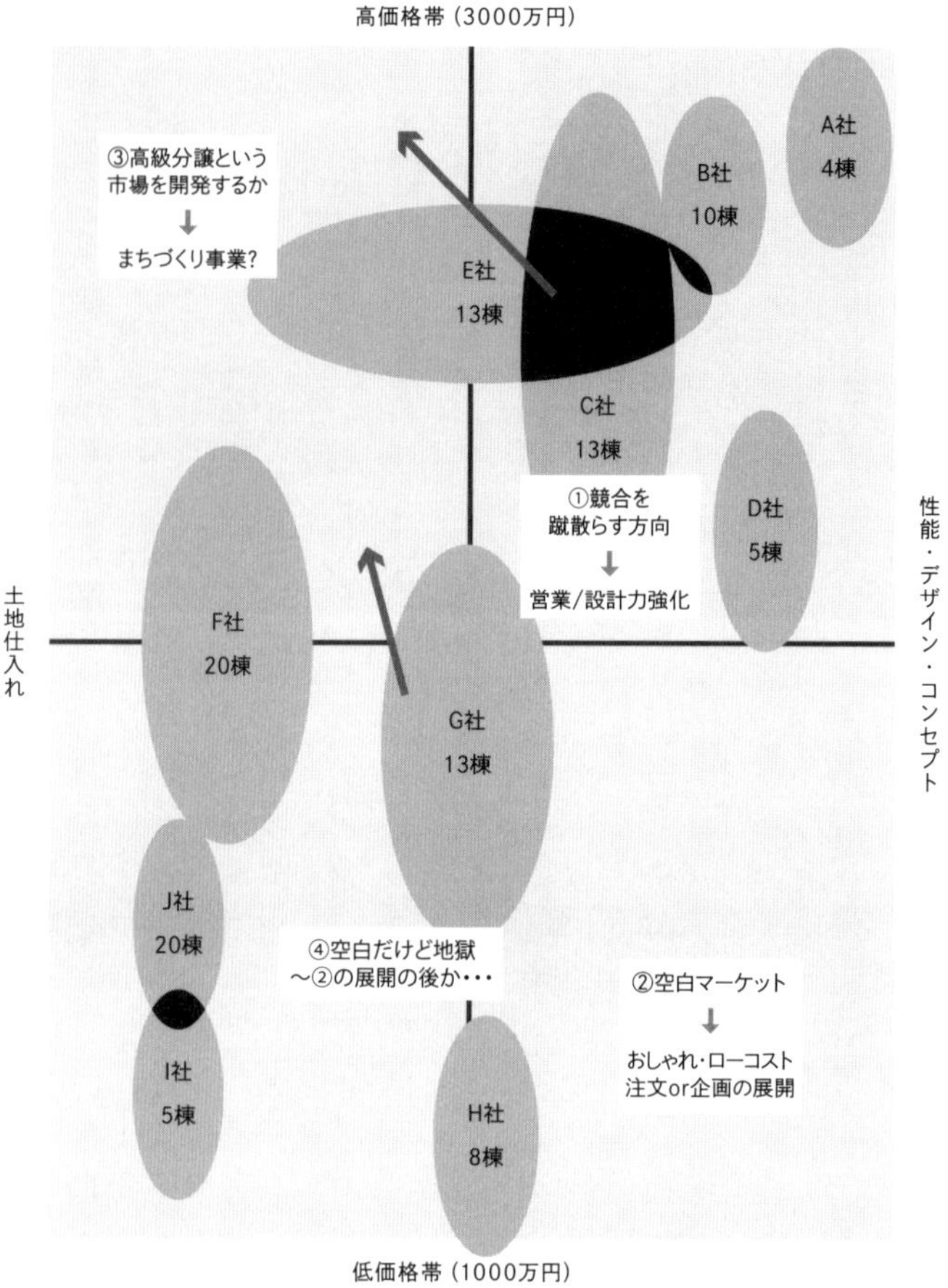

手順① ポジショニングマップの軸を選定する

手順② 選定した軸を縦軸・横軸として自社および競合他社を置く

すでにお気づきかもしれませんが、どのような軸を設定するかで、各社のポジションはまったく変わってきます。採用におけるポジショニングマップを描く際に「軸」として考えるのは、求職者の意思決定要因となるものです。

- 事業内容
- 社風
- 仕事内容
- 勤務地
- 給料
- 福利厚生
- 成長性

・知名度
・規模
・ミッション、ビジョン

中途採用であれば、

・経験／未経験
・キャリアアップ／キャリアダウン

これらがあげられます。ポジショニングマップはこの軸取りが命です。はじめは難しかったり、軸がずれていたりすることもありますが、何度も描いているうちに精度が上がってきますので、とにかくどんどん描いていきましょう！

軸の取り方に正解はありませんが、**私は「経験／未経験」「キャリアアップ／キャリアダウン」の軸を好んで使うことが多いです。**

未経験者が業界を越えて転職をする場合、キャリアダウンするのはよくあるパターンです。また、優秀な経験者を採用したい場合には、基本的にはキャリアアップで給料を上げるのが一般的です。そのため転職の場合、右上か左下に競合が集中しがちです。私たちは隙間を狙っていくので、空いている右下（経験者でキャリア現状維持ゾーン）や、左上（未経験者のキャリアアップ）で戦う方法を考えます。

　経験者を、キャリアを現状維持のまま採用するためには、他のエリアに目を向けてみましょう。職業によっては、同一商圏内で同業他社に転職できない人たちがいます。例えば建築現場の現場監督たちがそうです。彼らは辞めると同じ商圏

ポジショニングマップ

採用

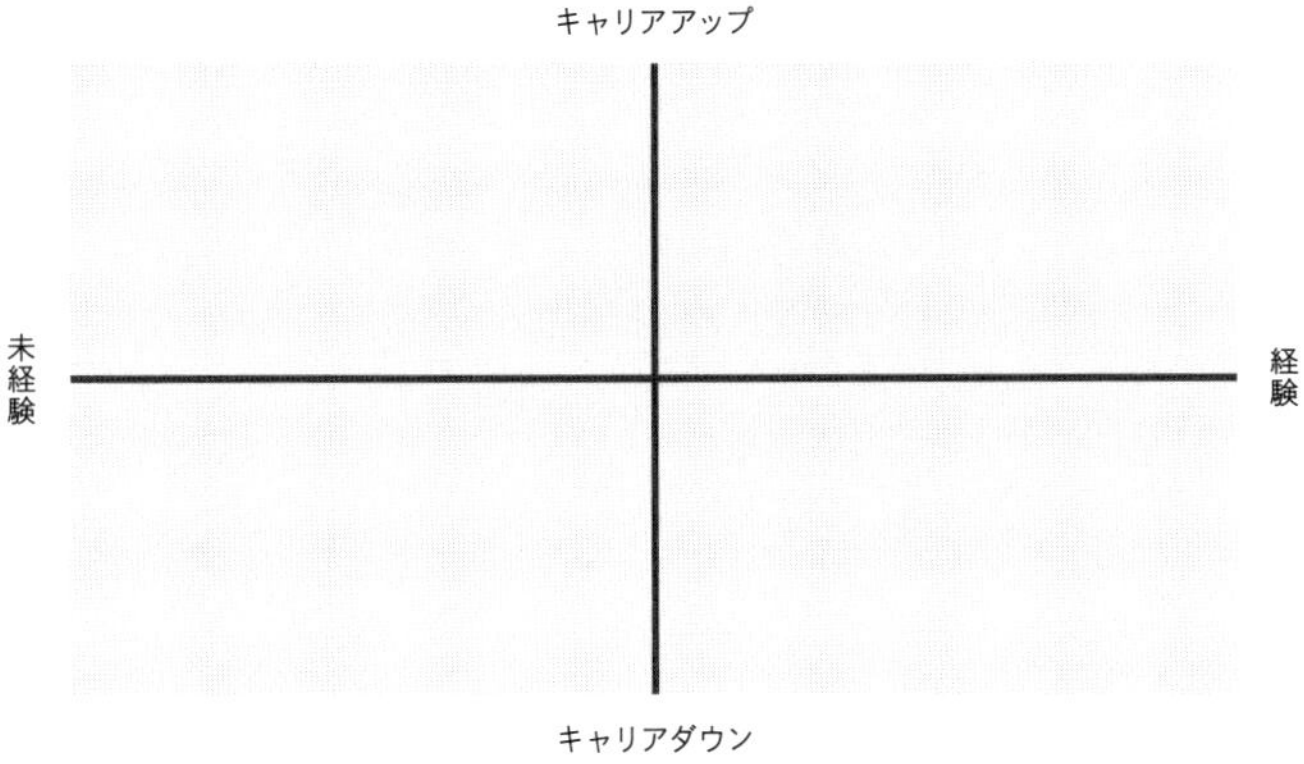

の同業の会社に転職することができないため、今の会社や待遇に不満があっても辞められないまま続けている人も少なくありません。

福岡の会社が、福岡にいる現場監督を採用するのは難しいですが、まったく違うエリアからであれば採用できる可能性が広がります。ピンポイントで県外の現場監督を狙いに行けば採用コストも抑えられますので、その分、移住手当をつけてあげれば、決断のあと押しにもなるでしょう。


また、未経験者をキャリアアップで採用する場合、未経験者の対象をきっちりと絞ることで、前職で身につけたスキルを活かすことができます。例えばホテルスタッフなど接客に長けた人材は営業としても優秀です。弊社の場合も営業からコンサル、士業からコンサルなど、前職のスキルやノウハウを活かせる形で、コンサル自体は未経験であってもキャリアアップ採用を行なっています。

視野を広げると、新たな強みが生まれます。

7章

お金がなければ頭を使え！アイデアで勝った広告事例5選

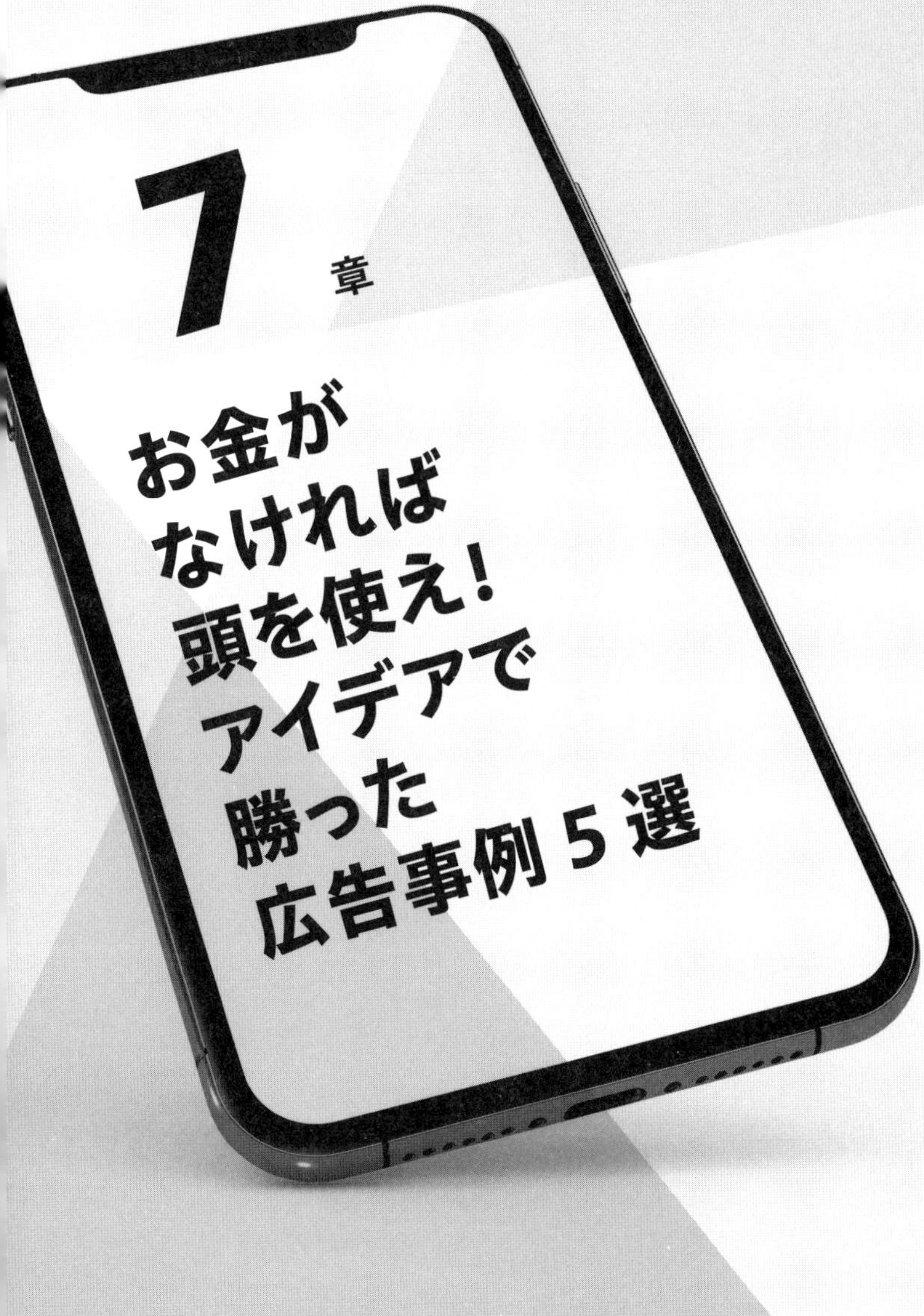

お金がなければ頭を使え！

東京ディズニーランドでは、アルバイトスタッフのことを**「キャスト」**と呼んでいます。マクドナルドでは**「クルー」**と呼んでいます。このネーミングのよさに惹かれて、年間に何千、何万人という人が応募してくるそうです。

これがもし、「アルバイト募集」や「案内係」「販売員」だったとしたらどうでしょうか？　**業務内容は同じでも、「魅せ方」でまるでイメージが違うのです。**

滋賀県に毎年500人から1000人もの新卒が集まる「谷口工務店」という建設会社があります。そこでは大工を求めていました。しかし、残念ながら大工は不人気業種のひとつ。普通に募集をかけても人が集まりづらいのです。

そこで社長の谷口弘和氏は**「設計士募集」**というキャッチコピーをつけて求人広告を出しました。設計士はいわば「花形」。花形職種の名前を出し、クリエイティブな職業に見せたことで、大卒人材の1000人近いエントリーがきた年もあったそうです。しかし、繰り返しますが谷口社長が欲しかったのは「大工」です。そこで集まった建築設計士志望の人たちには、「現場を知らないと、いい設計士になれない」と言って、必ず現場に出すのです。その間、彼らは設計士と営業を兼業し、大工の棟梁としての修業をします。そうしてだんだんと大工の仕事が面白くなっていき、谷口工務店では大工が増えていくのです。

そんな若手大工の姿を見た次の新卒世代には、最初から大工希望で応募してくる学生も増えているそうです（参考『新卒を採れ！――中小・零細が大手に勝つための戦術』谷口弘和著　白夜書房）。

地方の場合、営業職も不人気業種のひとつです。テレアポや飛び込み営業などのネガティブなイメージが先行し、「営業職だけには就きたくない」と口に出す人もいるほどです。実際のところ営業は商売の基本のキなので、成功したければ避けては通れない職種ではあるのですが、そこはイメージ先行。営業で募集をかけても人が来ないことがほとんどです。ところがこれも**「営業プランナー」**や「集客コンサルタント」などネーミングを少し工夫するだけで、通常の何倍もの応募が来るようになります。

ちょっとした言葉の使い方、イメージの違いが、結果を大きく左右します。お金がないならば、頭を使ってアイデアをひねり出しましょう！　本章では、これまでSUMUSや弊社のクライアント様で実際に行なった企画を具体的に紹介します。

就活生のインサイトにマッチした「即内定」広告

「『即内定』広告」は新型コロナウイルスによるパンデミックが発生した2020年、大きく当たったアイデアのひとつです。採用情報の解禁である3月を迎え、いよいよ選考が本格化するというタイミングで緊急事態宣言の発令。企業も学生も、みんなパニックに陥りました。採用活動もこれまでの対面をベースにしたやり方から、一気にオンライン化を余儀なくされました。そこでオンラインでの会社説明会開催に向けていくつものパターンで広告配信をテストしました。これまで通りのパターン、男性向け、女性向け、未来を語る系など、同じ説明会に対して光の当て方、切り取り方を変えた広告を作成したのです。「『即内定』広告」もそうした仮説検証のひとつでした。

SNS広告にはAIが組み込まれており、機械学習によって「効果が期待できる広

告ほど積極的に配信される」ように改善されていきます。よくクリックされるバナーや、申し込み割合が高い広告などは積極的に表示されるようになります。そして、まさにそのＡＩが選んだのが「『即内定』広告」だったのです。同時にテストした他のバナー画像よりも何度も表示され、採用サイトへ誘導していきました。

当時、就活生たちは人生の岐路というタイミングで、いきなり予定のすべてが変わってしまい、大きな不安を抱いたはずです。先行きが不透明な時期だからこそ**「今すぐ決めて、安心したい」という彼らのインサイトに目をつけました。**未来やビジョンを強調した広告も同時に配信していましたが、反応があまりなかったことから、就活生にとって大事なのは「未来」よりも「今」なのだと確信しました。１章で「採用に『ビジョン』は必要ない」と言い切ったのも、この実証データがあるからです。

さて、その場で内定が出るというイメージを強く感じてもらうため、バナー画像には「社長」の顔写真を使用し、ＦａｃｅｂｏｏｋとＩｎｓｔａｇｒａｍで配信しました。しかし、冷静に考えてみると不思議だと思いませんか？　キラキラ系のＳＮＳと言われているInstagramという世界で、20代の若者が選んだのは、仕事ができそうなさわやかビジネスマンではなく、見たこともない中年男性の写真だったのです。いわゆる「映え」のポイントは一切ありません。狙ってやっていたとは言え、「これでいいのか……」と複雑な気持ちになりました。

この「『即内定』広告」はSUMUSだけでなく、複数のクライアント企業でも実施しましたが、そのすべてで期待を上回る結果が出ました。

少し話が逸れますが、この「『即内定』広告」を実施した企業のひとつは大分県

Instagramに出稿したSUMUSの「即内定」広告

にある小さな会社です。そこでは1回の会社説明会の定員を「2人」に限定していました。随分少ないと感じられるかもしれませんが、社長が直接面談するので、仮に100人から応募があっても、対応するリソースがないため困ると言うのです。それまでは就活ナビサイトに掲載し、説明会・面接と他の企業と同じような流れで採用活動を行なっていましたが、その大変さにすっかり疲弊していたのです。

SNS広告に切り替えたことで、毎月少額の予算で半年間ほど継続し、社長の負担にならない程度で集客し、説明会を開催することができました。この企業では即内定広告をきっかけに、2人を採用することができました。

SNS広告のよいところは、予算を自分で設定できるところにあります。1人、2人を採用したいだけなのであれば、月々何十万円もかける必要はまったくありません。また、これまでのやり方から切り替えるのか、追加するのかも、自由に選ぶことができます。スカウト媒体と併用する形でSNS広告をすることもできます。自社にとってちょうどよいカタチが選べるのがSNS広告のうれしいところです。

学生向け設計コンペで人材発掘

鳥取県の工務店で学生向けの設計コンペを実施しました。採用イベントとして銘打っていたわけではありませんが、**潜在的な採用候補者の発掘、また学生との早い段階での接触を目的**としています。

医学部の学生が医者になり、法学部の学生が弁護士になるように、建築学部の学生は住宅会社や工務店に入って建築に携わる仕事をする……と思いきや、実は建築学部の50％以上が異業種に就職している現状があります。もともとは建築に携わることを夢見て学んでいたはずなのに、その知識が活かされることのないまま、まったく違うところへ行ってしまうのです。

ここには大きく2つの原因があると私は見ています。ひとつは、住宅会社のネガティブなイメージばかりが浸透し、業界に対する誤解が広がっていること。そしてもうひとつは、学生と全国の工務店との接点がないため、そもそも魅力的な仕事があることに学生が気づいていないことです。

　学生が就職先選びで検討するのは、「東京や大阪などの大都市」「地元」「大学がある場所」の周辺がほとんどでしょう。千葉にいる学生が、急に鳥取県の工務店の求人を自分から探しにいくなんてことは、まずあり得ません。また逆に、鳥取県の工務店が千葉の学生が見えるところまで求人広告を出すことも稀です。

　設計コンペという仕組みであれば、地方の工務店が無理なく全国の建築学部の学生とつながることが可能です。

　実はこの設計コンペにはほとんど広告費をかけていません。その代わり、賞金

建築学部の学生に向けた設計コンペ

は学生向けのコンペとしては最高クラスに設定しました。この企画を持って、建築学部のある大学の教授やゼミ室に直接アプローチをするのです。**建築学部の先生たちにとっては、こうした機会は絶好の教材**になります。「こんな設計コンペを行ないます」と案内すれば、まず間違いなく好反応をいただけますし、中にはゼミをあげて戦おう！　と積極的に参加してくれる教授も現われます。一度出してくれた大学は、また翌年も出す可能性が極めて高く、イベントを毎年継続することで、**その研究室とのつながりは深まり、大学内でも恒例行事化して宣伝しなくても参加してくれるようになります。**また設計コンペという企画自体がドアノックツールになり、学生の紹介や共同研究につながる人脈づくりの効果も期待できるのです。

また、設計コンペのメリットはそれだけではありません。鳥取県というのは新卒採用をするには、学生の分母が少ない地域です。そのため他県から学生を引っ張ってくる必要がありますが、正直に言うと「山陰地方に移住する」ということをはじめからポジティブに捉えている人はほぼいません。そのため、いきなり他県の学生に「鳥取県の工務店で働きましょう」と声をかけても見向きもされないのが実情です。

そもそも、どんな生活になるのかもまったく想像できないでしょう。まずはイメージしてもらわないと、住みたい・働きたい気持ちになるはずはないのです。

その点、コンペ形式であれば、特に意識の高い学生は事前に現場の視察に訪れますし、優秀なアイデアを提出してくれた人は現地での最終プレゼンに呼びます。現場を体感してもらう機会をつくることで、他県からの就職に対するハードルはグッと下がります。コンペ形式の場合、4人くらいのチームで応募してくることも多く、そのうち1人でも興味を持ってくれたら万々歳です。

こうしたアイデアコンペのイベントはSNSとも相性が非常によく、少ない広告費、あるいは広告費をまったくかけなくても、拡散されやすいのも特徴です。

ここでは設計コンペを紹介しましたが、業種に合わせてさまざまな応用が可能なアイデアです。SUMUSでも「まちづくりコンペ」を開催する予定です。

熱すぎるパン職人募集

富山県にとても情熱的にパンづくりに向き合っているパン屋さんがあります。こだわりの材料ときめ細やかな手仕事でつくるパンは、「おいしい」と口コミを呼び、大人気のお店です。

店主は自分と同じように「本物のパンをつくりたい！」と考えている人が世の中にはいるはずで、そういう**ひたむきな人を採用したい**と考えていましたが、地元のフリーペーパーでは、そもそも温度感が違いすぎます。とは言え採用のポータルサイトに掲載するだけでは、県をまたいだ求職者の目に留まるのは難しいものです。そこで「熱すぎるパン職人」と銘打って、**パンが好きで本気でパンづくりをやりたい人にだけ届くようにＳＮＳ広告を配信**しました。

４章で紹介したターゲティングの設定を駆使し、配信ターゲットを絞ることで無駄なコストを使うことなく、ちょうどいい人たちにだけ広告を届けることができます。このときも広告費は5万円以下に収まりました。

募集をはじめてすぐに、関東在住の人から応募がありました。ヨーロッパでパンづくりの修業をして戻ってきたとのことですが、パンづくりにかけて熱い想いがある一方で、日本のパン屋事情を見ると自分に合うお店や工房がなく悩んでいたと言うのです。まさに求めていた人材そのもの！ Ｚｏｏｍ（ビデオ会議ツール）で面談し、すぐにお店に来てくれて、そのまま働くことが決まりました。

本気でパンづくりをしたい人を狙った広告

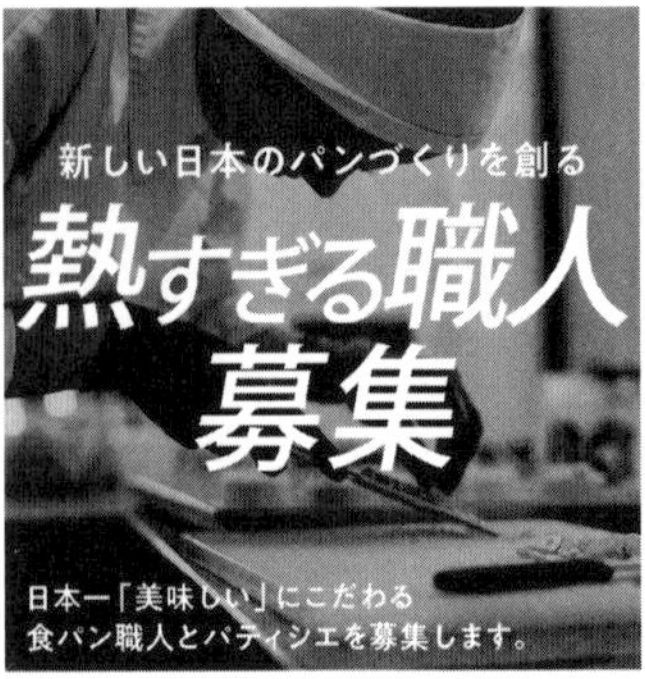

自分の力を発揮したい設計士採用

住宅業界にとって「設計士」は貴重な人材です。施主との打ち合わせや、住宅の設計（延べ面積が100平方メートル未満）、建築士の補助や書類作成など、設計士が担う業務はどれも住宅会社・工務店にとって欠かせないものです。

営業力で受注は取れたとしても、その先を担う人材がいなければ事業は拡大していきません。設計士を欲しがる会社は多いのですが、一方で転職市場にはほとんど出てきません。出てきたとしても引く手あまたのため、激しい獲得競争が繰り広げられます。

そうした背景を踏まえ、**まだ転職市場には出てきていないが、現状に悩んでいる人材を狙いにいった**のがこの企画です。

住宅会社には、大きく分けて2つのパターンがあります。ひとつはお客様のご要望に合わせて設計やデザインを1から考える、フルオーダーの注文住宅を扱う会社。

もうひとつは、決まった構造や間取りを組み合わせてつくる、分譲住宅や企画住宅を扱う会社です。

設計の勉強をしてきた人であれば、自らの設計力を活かしたフルオーダーの住宅設計に携わることを夢見て設計士になった人が多数派です。ところがいざ就職してみると、コピペやパターンの組み合わせだけで、物足りなさを感じる……。そんなインサイトがあることを発見しました。

転職市場に出てきていない人材を狙った広告

そこで、岩手県盛岡市にある工務店では、大手のハウスメーカーに勤務していて、**「給料には満足しているけども、業務内容にやりがいを感じていない」**というモヤモヤを抱いている人を狙い打ちした広告を配信しました。

「ローコスト住宅設計に飽きているあなたへ」「ルーティン設計に飽きている設計士へ」など、インサイトをそのままキャッチコピーに反映し、一般的なポータルサイト等ではなかなか獲得できない設計士の採用に成功しました。

保育士が住宅業界でスキルアップ

6章でポジショニングマップを解説した際に、「未経験からのキャリアアップ」採用の可能性について触れました。住宅会社が保育士を採用するというこのアイデアは、まさにその枠組みにあたります。

保育士というのは、本当に大変な仕事です。0〜6歳という、とにかく手のかかる子どもたちを一手に引き受け、一緒に遊んだり、走りまわったり、行事のためのグッズを製作をしたり、育児に悩むお父さんやお母さんの相談相手になったり、書類を書いたり……。

女性が多い職場ですので、女性であっても肉体労働から事務処理まで何でもこなさなければなりません。それでいて給与水準は低く、労働環境はブラック気味。そんな中で働いてきた保育士たちはすっかり鍛え抜かれており、強力な体力とメンタルを備えた、なんでもできる**スーパー人材**です。さらに、私の経験上、日ごろから子どもたちと触れ合っているからか、人格的にもよい人が多いのも特徴です。

実は、住宅会社にはそんな保育士のスキルを活かせる仕事がたくさんあります。奈良県にある工務店では、積極的に保育士の採用を行なっています。

●土日は保育士として、ご来店されたお客様のお子様と過ごす

住宅会社の場合、小さなお子様を連れたご家族のお客様が非常に多いのです。保育士が常駐していれば安心してご来店いただくことができます。お子様の扱いについてはプロですのでお手のものです。

●平日はインテリアコーディネーターや設計士のアシスタント業務などを行なう

お客様のご来店が少ない平日には、保育以外の業務に携わります。

例えばパース図面（家の内観や外観の立体的な完成予想図）を写し、それに色鉛筆やコピックで色を塗ったり、イラストを描いたりする作業には、保育士時代の製作経

験が大いに役立ちます。カラフルな図面でお客様にはよりわかりやすい情報を提供できるようになると同時に、本人にとっては図面に慣れ、スキルを磨く絶好の機会となる仕事です。

はじめからインテリアコーディネーターを募集すると、競合が多く厳しい戦いとなりますが、視点をずらして保育士を採用し、アシスタント業務から携わってもらうことで、業務の補完と育成が同時にできる素晴らしい仕組みです。

住宅業界は保育業界と比べて給与水準も高く、労働環境も（職場によりますが）改善が進んでいます。保育士たちにとっても、自分たちの好きなことや得意なことを活かしながら、よりよい条件でキャリアアップを実現できる、まさにＷｉｎ‐Ｗｉｎの採用システムです。

保育士を採用している工務店は他にもありますが、やはりどこの会社でも大活躍しています。とにかくできる仕事の領域がものすごく広いので、「もっと保育士さんが欲しいです！」と切望されています。

エピローグ

私が「くすぶっている人材」を好きな理由

採用の「あるべき論」に振りまわされる必要はない

採用にはさまざまな「あるべき論」があります。

・ビジョンを語って、未来を見せなければ人は来ない
・中途人材は頭が固いから、新卒採用のほうがいい
・インターンシップをしなければ、人が集まらない
・採用には気合と時間とお金が必要である

などなど、あげ出したらきりがありません。採用に悩んでいると、そうした言葉の一つひとつに反応し、「○○しないといけないらしい」「今はこれがトレンドらしい」と振りまわされてしまうことがあります。

しかし、こうした**「あるべき論」は、すべての会社に当てはまるわけではありません**し、場合によっては採用コンサルタントやナビサイトの運営会社、人材紹介会社などが自社の営業のために、根拠もないにもかかわらず、あたかも「当たり前」であるかのように論じているにすぎないこともあります。

例えば、「会社の未来をつくるのであれば、新卒を採るべき」という話もそうです。もちろん新卒人材は、まだ何にも染まっておらず、素直で、長期育成枠として会社にとって期待の星になることについて異論はありません。

しかし、組織とはそれだけではないはずです。今日、明日の売り上げを考えるならば、中途の即戦力人材もやっぱり大事です。そもそも地方での新卒採用は、かなりハードルが上がります。若い世代の人口はどんどん減っているからです。

また、中途人材は扱いづらいからと言って、自社の価値観への共感度が高い新卒ばかりを採用すると、経営者や会社の組織づくりの力が弱くなっていく可能性も危惧されます。

これは決して、新卒がダメで中途がよいという話ではありません。どちらも一長一短があるからこそ、**自社の状況に合わせてバランスを取ることが大事**だと考えています。

例えばSUMUSでは、新卒と中途の比率を50％ずつにするようにしています。実際に新卒人材と中途人材を見ていて、「中途だから変化できない」「カルチャーに馴染めない」というのはまったくのデタラメだと確信しています。中途採用でも素直に吸収できる人はたくさんいます。40代、50代と社長の私より年齢が上の人材も、自分の考えややり方に固執せず、確実に変化して、今も成長を続けています。

中途か新卒かといった分類や年齢は実際のところあまり意味がなく、結局はその会社の風土に合うかどうか次第ではないでしょうか。

「採用にはビジョンが必要だ」という論調に対する私の意見は、1章でも書かせていただいた通りです。ビジョンそのものは素晴らしいものですが、1人、2人採用するだけであれば、まずは自社の強みを整理して、価値を正しく伝えるだけでも効果はてきめんです。

ただしこれも、ビジョンを語るのが無駄であると言っているわけではありません。ビジョンにこだわるあまり、採用が疎かになっては本末転倒であるということを指摘しているだけです。もちろん理想はビジョンとテクニックの両方を備えていることです。

「こうあるべきだ」という強迫観念に焦る必要はまったくありません。私には私の、あなたにはあなたの採用の戦い方が必ずあります。

人にはそれぞれ「強み」がある

「適材適所」。ある会社ではうまく自分の能力を発揮できなかった人が、別の会社に転職するとイキイキと仕事ができることもあります。もちろんその逆のパターンもあり得ます。

ところがこれまでの採用は、そんな適材適所を無視して、とりあえず「人が集められればそれでいい」という状態が横行していました。

本書では、会社にはそれぞれ必ず独自の強みがあるという話をしましたが、それは人材でも同じです。1人として同じ人はいないのだから、考えてみれば当たり前ですね。しかし採用に躍起になっているうちに忘れがちなポイントでもあります。

求職者が規模や知名度、給料などの項目で会社を比較するのと同じように、会社もその人の中身を知る前に、学歴や資格など履歴書に書いてあることで判断しようとしてしまいます。

自社に合っているかどうか、自社で活躍できるかどうかを脇に置いて、経歴が素晴らしいからとか、学歴が高いからと言って採用している場合は要注意です。経歴も学歴もその人を構成する重要な要素の一部ですが、必ずしも自社の採用にとって重要とは限らないのです。

ピンポイントで自社で活躍できる人材を集められるようになると、組織の運営はグッと楽になります。だいたい多くの会社は、一人ひとりが120%くらいの気合で頑張らないと組織が大きくならない仕組みになっています。これでは社員は疲弊して、会社は常に人材不足を嘆くことになります。

それぞれが自分の得意なことを活かしていける仕組みがうまく機能すれば、**一人ひとりの社員が60%くらい頑張ることで、会社もうまく軌道に乗って成長することができる**というのが私の考えです。

必要な人材をピンポイントに採用するというSNS採用の考え方は、実は会社にとっても社員にとってもうれしいものなのです。

「この会社で活躍できる人材って、どんな人だろう」。自社の採用戦略を練る中で、私は何度もこの問いにぶつかりました。ようやく見つけた共通点は「くすぶっている人」でした。

くすぶっているなんて表現をすると、社員たちに怒られてしまうかもしれませんが、事実そうなのです。プロになるほどではないけれど麻雀に明け暮れた日々を送っていたり、海外に出て挑戦したものの夢破れて帰ってきたり、誰もが名前を知る上場企業に入社したものの、結果を出せずにいたり……。

弊社の社員たちの経歴は本当にさまざまで、SUMUSという会社に入るまでにみんな、かなり右往左往しています。そして今、コンサルタントとして、あるいはクリエイターとして、大きく成長しています。

そんな社員の姿を見ながら、あるとき、ふと「あぁ、僕って『くすぶっている人』

を育てるのが得意なんだな」と気づいたタイミングがありました。文字にすると随分偉そうな印象を抱かせしまいそうですが、ここにはシンプルな理由があります。何を隠そう私自身が、くすぶっている人材だったのです。

大学時代は、人生の夏休みを謳歌しているうちに、雀荘に入り浸る生活になりました。お恥ずかしい話ですが、「世の中は敵だ」と、社会を敵視していた時期もあります。自分自身にそんな濃い「くすぶり期間」があったからこそ、今立ち止まっている人を見ると、その気持ちが手に取るようにわかるのです。

今はいろいろなことがうまくいっていなくても、一度でも頑張った経験がある人は、もう一度頑張ることができます。その人の奥底に眠っている光に気付くことができるのが、私の強みだと思います。

コンセプトは「集合天才」

そんなくすぶり人材が集まっているSUMUSという会社ですが、組織運営において**「集合天才」**というコンセプトを掲げており、社員一人ひとりが、一芸に秀でていたり、何か極端に尖った部分を持っていたりします。**領域も視座も知見も異なるからこそ「化学反応」が生まれ、会社がもっと面白くなる**のではないかと考えているのです。デザイナー、エンジニア、不動産の専門家、税理士、弁護士など、SUMUSには、さまざまなバックグラウンドと専門分野を持つメンバーが集まっています。

「これだけバラバラな人材がいて、管理が大変じゃないですか？」とよく聞かれますが、これで結構まとまりがあるのです。専門性の向上と信頼の醸成を両立させていくために、「6つのフィロソフィー」を掲げています。仕事をする上での判断基準や意思決定基準を揃えることで、バラバラに見える人材でも、メンバーそれぞれがその道のプロとして個性と専門性をぶつけ合いながら人間力を高め、「集合天才」を形成します。

【6つのフィロソフィー】

①挑戦　GO WILD
挑戦の先にこそ成長がある。勇気を持って打席に立つことからはじめよう。

②誠実　GRID
自分の言動に責任を持つ。圧倒的な当事者意識で成果にコミットしよう。

③革新　Be the Change
努力は才能を凌駕する。自分の時間を投資してたゆまぬ研鑽を積み重ねよう。

④凡事　Do Bonji
凡事を非凡に！　誰にでもできる当たり前を徹底しよう。

⑤自責　OWNERSHIP
批評ではなく提案する。他人や環境ではなく、自分にベクトルを向けよう。

⑥感謝　Pay it FORWARD

まわりのおかげで今がある。いただいた以上にしっかりと恩を返そう。送ろう。

個性や特性はバラバラでも、コアの部分、大切にしている価値観はやはり似ている人が集まっており、休みの日にも麻雀をしたり、釣りに行ったり、ゴルフをしたりと楽しくつながっています。

これはあくまでも私と弊社SUMUSでの話です。どんな人だったら自社で育成ができるか、どんな人だったら社長が手を離さないかを、改めて真剣に考えてみてください。もちろん正解はありません。ただ、他社では難しくても、自社なら育成できるタイプの人材は必ずいます。

おわりに　地方創生の道は、田舎で働く人が増えること

「まちづくりをやっているのに、何で採用の本を書いているんですか？」

先日、知人にこう質問されました。「まちづくり」と「採用」、私の中ではこの2つは密接につながっています。まちづくりを成功させるためには、田舎で働く人を増やすしかない、と考えているからです。田舎の会社にこそ「採用力」が必要なのです。結局、地元にお金が落ち、地元の経済が循環するような仕組みをつくらなければ、地方はいつまでたっても豊かにはなれません。

私は、コンサルタントとして地場工務店の経営改善や、小さなまちのまちづくりに関わっています。ときには、広告の運用代行などのご依頼もいただきます。ビジネスである以上、ご依頼はとてもありがたいことです。しかし、いつまでも同じ状態を継

続することをよしとはしません。ただ外注しているだけでは、せっかくそのまちや工務店が得た利益を、また外の地域に出してしまうことになるからです。

そのため私たちは、コンサルティングを通して地元のスタッフを教育し、彼らが自分たちでできるようになるまでをサポートしています。「小林さん。採用って一度わかると簡単ですね。これなら自社でもできそうです」。そう言ってもらえると、とても誇らしい気持ちになります。そこまでやってはじめて、継続的な企業の成長や地方創生が可能となるのです。

そのためには、とにもかくにも、そこに住む人や、そこで働く人がいないと話がはじまりません。そのことに気づいてから私は、自社の採用だけでなく、地方の中小企業の採用支援にも力を入れるようになりました。

よく「田舎には若い人がいない」と言われます。これは事実ではあるのですが、一方で若い人たちは「田舎には働く場所がない」と言って、都会を目指しています。「働く場所がない」の中には、「働く場所があることを知らない」も含まれています。知らないのであれば、きちんと告知するだけで効果が出ます。
このように地方には、ちょっとした認識のズレや、「知らないだけ」のことが無数にあります。それを少し調整することで、地方の企業における採用のハードルはグッと低くなるのです。

例えば、「若い女性がまちから出て行ってしまう」という悩みを抱えている地域はとても多いです。女性がいなければ子どもが生まれないので、そのまちは発展のしようがありません。

しかし、私には、そもそも女性が働きやすい職場をつくる努力をしていないように見えます。地方に行くほど、今でも女性軽視の価値観は根深く残っています。自社の働き方のルールを見直して改善をすることで、外に出るつもりだった女性も、「やっぱり地元に残ろうかな」と考え直す理由になります。

また、せっかく県外からの採用に成功しても、辞めてしまうケースもよくあります。その原因として、若者に根性がない、場所が田舎だから、などがあげられがちですが、私が着目しているのは「孤独」です。

県外に就職した人は、近くに友人もおらず、田舎なので遊びに行く場所もほとんどなく、休日にはやることがなくなり、孤独に陥りがちです。この「ひとりぼっち」に耐えられず、自分の地元に戻る決意をする人が実はとても多いのです。

こうした場合に対しても、企業としてできることはあります。

ひとつのアイデアは、「麻雀採用」のように共通の趣味で採ること。そうすれば休日であっても先輩後輩の垣根を越えて、一緒に時間を過ごすことができます。

もうひとつのアイデアは、社員寮やシェアオフィスを設けること。自社だけで持つことが厳しい場合は、近隣の会社と共同でつくるのもいいでしょう。人とつながれる場があるだけで暮らしはずいぶん楽しくなります。


若い人がいないのであれば、定年退職をしたあとの経験豊かなシニアを採用するという方法もあります。企業でしっかりと実績を積んできたような方であれば、体力は衰えていても頭脳はピカイチです。強力な戦力になってくれます。

中小企業でも、田舎でも、不人気業種でも、採用を成功させるアイデアは必ずあります。「こうでなければいけない」という固定観念に縛られず、頭を柔らかく考えることで、採用はもっと自由に、もっと楽しく取り組めるものに変わります。

そのことをできるだけ多くの中小企業の社長に知って欲しい、私が直接ご支援することのない方にもノウハウを使って欲しい。そのような想いから、書籍という形で私が積み重ねてきた採用メソッドをご紹介させていただきました。

また今回、改めて自社の社員との出会いをひとつずつ振り返りました。大げさだと思われるかもしれませんが、一人ひとり「あなたしかいない」と思えるような運命的な出会いをしてきたことを思い出しました。今こうしてみんなと一緒に仕事ができていることを、心からうれしく思います。出会ってくれてありがとう。10年後、20年後に「SUMUSという会社に入ってよかった！」と思ってもらえるように、よい会社をつくり続けていきます。

出版の機会をくださった同文舘出版の津川雅代様はじめ、ご協力いただいたすべての皆様、また本書を手に取ってくださった読者の方々に深く感謝申し上げます。

すべての中小企業が、採用の悩みから解放され、すべての働く人々が、自分がイキイキと働ける職場に出会うことを願いながら、ここで筆を置きたいと思います。

２０２３年２月

株式会社ＳＵＭＵＳ　代表取締役社長　小林　大輔

著者略歴

小林大輔（こばやし　だいすけ）

株式会社 SUMUS（スムーズ）代表取締役社長
1982 年、新潟県高田市（現上越市）生まれ、その後は千葉県東金市で育つ。祖父は材木業、父は工務店、母はスナックを経営。幼いころから田舎の経済がまわっていく様子を見ていた。法政大学経営学部経営学科卒業後、経営コンサルティング会社を経て独立。2015 年、株式会社 SUMUS を創業。住宅メーカー、リノベーション会社を中心に経営コンサルティングを行ない、500 社以上のクライアントをサポート。現在は 3 つの会社の代表と複数の会社の社外取締役を務める。

得意なコンサルは、地域そのものをリノベーションし、新しい価値をつくり出す「まち上場」。サービス継続率は 96%という高い実績を誇る。

地域の担い手たちとともに、暮らす人、働く人、訪れる人に愛されるまちづくりを全国で積極的に行なっている。

大のテニス好きで、「テニスのまち」をつくることが夢。

著書に『まちづくり戦略 3.0　カネなし、人脈なし、知名度なしでも成功する「弱者の戦い方」』（かんき出版）がある。

時間とお金をかけずに欲しい人材を集める「SNS採用」

2023 年 3 月 2 日　初版発行

著　者 ―― 小林大輔

発行者 ―― 中島豊彦

発行所 ―― 同文舘出版株式会社

東京都千代田区神田神保町 1-41　〒 101-0051
電話　営業 03（3294）1801　編集 03（3294）1802
振替 00100-8-42935
http://www.dobunkan.co.jp/

ISBN978-4-495-54134-7

印刷／製本：萩原印刷
Printed in Japan 2023